Dr. Jay A. Dewhurst

Introducción a los Negocios y a la Planificación de Negocios

Introducción a los negocios a través del desarrollo de un plan de negocios

Introducción a los negocios y a la planificación de negocios

Primera edición

© Dr. Jay A. Dewhurst

ISBN 10 1503304833 ISBN 13 9781503304833

Contenido

Nota para los profesores

Estimado profesor:

He impartido cursos de introducción a los negocios durante muchos años y esto me ha permitido explorar distintas maneras de enseñar a los estudiantes los conceptos básicos sobre negocios. De esta forma me di cuenta que los estudiantes que aprendían conceptos importantes a través de métodos tradicionales no podían conectar las ideas entre sí. Los estudiantes completaban el curso satisfactoriamente pero no podían relacionar el marketing con la contabilidad o la administración con las finanzas.

El objetivo de este libro es darle, como profesor, un texto para enseñar a los estudiantes los conceptos sobre negocios a través del desarrollo de un plan de negocios básico. He utilizado este método durante muchos años y ha demostrado causar un impacto duradero en los estudiantes.

Mi deseo es que usted también encuentre este método útil y que este libro sea de gran ayuda para usted y sus estudiantes.

Saludos cordiales,

Dr. Jay A. Dewhurst

Prólogo

El Dr. Jay Dewhurst escribe como cualquier académico con determinación escribiría: con investigación y exploración. La diferencia en este libro es que escribe a partir de años de experiencia personal como emprendedor.

Usted está a punto de adquirir conocimiento y entendimiento incalculable sin tener que hacer toda la investigación... él ya la hizo por usted y le ha dado al tema en cuestión la ventaja de sus experiencias.

Habiendo sido profesor, le puedo decir que este libro es uno de esos que utilizará como referencia durante mucho tiempo.

El Dr. Dewhurst ha pasado la mayor parte de su vida adulta participando en proyectos empresariales. Es experto en cómo iniciar un negocio y hacer que el mismo sea rentable. Ha sido mentor de decenas de adultos jóvenes que quieren aprender la singular carrera de ser emprendedor.

Jay es un viajero del mundo, imparte sus conocimientos y experiencias a través de seminarios y talleres en muchos países. Es un amado esposo, dedicado padre y abuelo.

Me siento honrado de recomendar este libro a todos los que elijan a leerlo.

-Ross C. Harrison (Ret.) Educador / Ministro

Agradecimientos

Para Sue, mi mayor admiradora.

Para mis hijos, que hacen que todo valga la pena.

Para Melody (Mellie) que hace que mi corazón crezca.

Para mi papá que siempre estaba ahí para mí.

Para mi mamá, cuyo amor nunca falla.

Para Chuck quien ayudó a mantener todo en marcha.

Para Daniel, Daysi, Uriel, Becky, John y Mary, quienes siguen enseñándome cómo servir a los demás.

Para Charles, Pepper y Ed, que se rieron conmigo.

A Guillermo, quien dio el salto de la fe.

A mis compañeros de clase en la escuela de la vida.

Para los futuros estudiantes, para quienes planto árboles de sombra.

Y, sobre todo, para Dios, que hace que todas las cosas sean posibles.

Introducción

Cuando tenía 13 años sabía que quería ser un hombre de negocios. Habiendo crecido en una granja en el sureste de Ohio, mi sueño era mudarme a una gran ciudad y tener éxito en algún tipo de negocio.

Después de servir 4 años en la Fuerza Aérea de los EE.UU. a mediados de los años 80, comencé la escuela de negocios en un pequeño community college cerca de la granja de mis padres, en donde estudié contabilidad, un campo en el que tuve una carrera muy corta e infeliz.

Después de recibir mi MBA de la Universidad Marshall, en West Virginia, comencé el camino hacia la realización de mi sueño. Sin embargo, pronto aprendí que las escuelas de negocios aunque te enseñan muchos conceptos importantes sobre los negocios, no te suelen preparar para manejar una empresa. En su lugar, te preparan para trabajar para una empresa existente que toma estos conceptos, los pone en acción y con suerte te guía hacia una carrera empresarial exitosa.

Después de muchos años de aprender qué hacer, y lo que es más importante, qué no hacer en los negocios, teniendo éxitos así como fracasos en varios emprendimientos, empecé a formular lo que creo que todos los graduados de la escuela de negocios tienen que saber si quieren ser emprendedores. Esto no quiere decir que esto sea el fin de los libros de negocios. Es más bien una guía práctica que te presenta conceptos sobre negocios, así como la planificación futura necesaria para tu carrera como emprendedor.

Este libro está escrito de una manera relajada y casual con el fin de permitir que aquellos que no tienen experiencia previa en negocios puedan entender y aplicar esta información introductoria. Además, al centrarse en el proceso de planificación de negocios, espero que el lector pueda aplicar rápidamente los conceptos a sus objetivos reales.

Le deseo a cada lector lo mejor y espero que al compartir mis experiencias, este libro ayude a otros a tener una carrera empresarial próspera y plena.

-Dr. Jay A. Dewhurst

1. Introducción a los negocios

Los objetivos de este capítulo son aprender:

- Qué es una empresa
- Cuáles son los distintos tipos de empresas
- La estructura legal de una empresa
- Conceptos introductorios sobre los negocios

Al igual que cualquier emprendimiento, el proceso de planificación empresarial es tanto un arte como una ciencia. Aunque hay elementos que un plan de negocios *debe* tener, la forma en la que los presentas y argumentas con información útil para el lector es subjetiva y permite una gran flexibilidad.

Durante el proceso de planificación es fundamental tener en mente la razón por la cual se está escribiendo el plan de negocios. Muchos aspirantes a emprendedores elaboraran el plan de negocios simplemente para adquirir financiamiento. Aunque el financiamiento es una razón importante para escribir el plan, es importante entender que un plan de negocios bueno y práctico es una **herramienta** que se puede utilizar para aumentar las posibilidades de éxito. Además, un buen plan de negocios actuará como guía cuando comiences a manejar tu empresa, y también será una forma de medir el éxito a medida que esta avanza, dándote un punto de referencia para la comparación.

Este libro es una guía práctica para la planificación de negocios, pero hay ciertos conceptos a lo largo del libro que están allí más que nada para introducirte en el mundo de los negocios y no para ser utilizados en el plan de negocios en sí. Eso no disminuye la importancia de estos conceptos, sino que debe ser visto como una mejora de tu aprendizaje.

A medida que avances en la lectura, ten en cuenta que esto es sólo una *introducción* a los negocios y sus conceptos. No asumas que debes aprender o aprenderás en profundidad cualquiera de estos conceptos; en cambio, debes considerar cada capítulo/concepto como una introducción que se tratará en profundidad en cursos posteriores.

1.1 Conceptos introductorios sobre negocios

Resumir todos los conceptos sobre negocios en un capítulo corto no sólo es imposible, sino también falso. Los negocios, al igual que cualquier otra disciplina académica, involucra una variedad de temas, y cada uno de ellos puede ser estudiado en profundidad. En la siguiente sección, busco darte una visión general de los conceptos que normalmente se tratan en un curso introductorio, pero pretendo que sea lo menos doloroso posible – una especie de resumen del resúmenes.

1.2 ¿Qué es un negocio?

Primero te voy a dar la definición de libro de texto/diccionario. El Diccionario Miriam-Webster define negocio como "la actividad de hacer, comprar o vender bienes o prestar servicios a cambio de dinero [;] trabajo que forma parte de un empleo [;]: la cantidad de actividad realizada por una tienda, empresa, fábrica, etc. "[i] Mejor dicho: "negocio es cualquier organización con fines de lucro que proporciona bienes o servicios diseñados para satisfacer las necesidades de los clientes"[ii].

Aunque esto es técnicamente correcto, la presente es una guía práctica sobre negocios; déjame darte la explicación práctica de lo que es un negocio en realidad. Esta explicación no es la misma que se da en el entorno jurídico de los negocios, sino que está más relacionada con la percepción y la intención, es decir, lo que quieres de tu nuevo negocio.

Hay cuatro categorías de negocios. La primera es el hobby como negocio. El hobby o pasatiempo como negocio, tal como su nombre lo indica, es un negocio en el que se disfruta de un oficio o actividad en particular de vez en cuando, o incluso de forma regular, y se gana un poco de dinero vendiendo estos artículos o servicios. Por lo general, este tipo de negocio es muy pequeño y las personas lo utilizan como una vía de descarga de energía o un complemento a los ingresos regulares.

Un ejemplo de un hobby como negocio sería alguien que disfruta de hacer artesanías de madera y las vende a sus amigos, vecinos o incluso en una feria de arte de vez en cuando.

Este tipo de negocio no tiene nada de malo. De hecho, muchos jubilados se divierten mucho transformando sus pasatiempos en negocios y al mismo tiempo ganan dinero extra. Sin embargo, esto no es lo que abordamos en este libro como un negocio.

El segundo tipo de negocio es un estilo de vida como negocio. Un estilo de vida como negocio es aquel en el que el propietario o los propietarios ganan un salario que les alcanza para vivir que por lo general podrían ganar si trabajaran para otro. Sin embargo, el propósito del estilo de vida como negocio no es realmente el dinero que se gana sino el estilo de vida que se disfruta.

Imagina una pareja joven que disfruta de las actividades al aire libre. A pesar de que ambos tienen una educación y podrían trabajar para un empleador y ganar un buen sueldo, realmente quieren hacer algo al aire libre. Entonces, abren un negocio de rafting y senderismo en las montañas. Aunque sus ingresos no son equivalentes a los de un trabajo en la ciudad, este estilo de vida (rafting, campamentos, excursiones, etc.) les permite disfrutar de sus actividades favoritas y ganar dinero haciendo esas actividades.

Las empresas basadas en un estilo de vida son de hecho empresas. A menudo requieren financiamiento, contabilidad, marketing, etc., pero pueden ser mucho menos estresantes que un negocio convencional con empleados, gastos generales altos, etc.

La tercera categoría de negocios y a la que nos avocamos en este libro es lo que llamaremos una pequeña empresa. Aunque existen definiciones de lo que es una pequeña empresa de acuerdo al gobierno, lo que consideramos como una empresa pequeña tendrá las siguientes características:

1. Tiene un pequeño grupo de dueños, todos personalmente comprometidos con la empresa, tanto si esta es exitosa como si fracasa.
2. Emplea a personas además de los propietarios.
3. Tiene algún tipo de oficina formal, tienda, etc.

Repito, esto es lo que lo que consideramos una pequeña empresa solo para este libro.

Normalmente, cuando se piensa en una pequeña empresa, este es el tipo de negocio que viene a la mente. Hay miles de ejemplos de este tipo de pequeña empresa, como la ferretería local, el salón de belleza o la oficina del contador. De hecho, si hubiera pasado por cualquier calle de los EE.UU. hace 30 años podría haber visto este tipo de negocio en casi todas las esquinas. Aunque todavía sin duda hay muchas pequeñas empresas en los EE.UU., las esquinas están pobladas por franquicias o tiendas que representan a las grandes corporaciones como CVS o Walmart.

Lo que principalmente separa a este tipo de negocio de las dos categorías anteriores es que tiene una ubicación tangible y emplea a gente. Al emplear gente, los propietarios se multiplican a sí mismos mediante la delegación de tareas y responsabilidades, lo cual permite que la empresa sea más grande que tan solo el propietario o propietarios. Esta multiplicación de sí mismos es lo que permite que el estilo de vida como negocio se convierta en una pequeña empresa con mayores rendimientos de las ganancias netas, en lugar de sólo los salarios que el propietario o los propietarios pueden ganar haciendo el trabajando por sí mismo/s.

La cuarta categoría de negocio incluye a las antes mencionadas CVS y Walmart y todas las grandes empresas que emplean a millones de personas en todo el mundo. Estas empresas suelen cotizar en la bolsa de valores (venden acciones en uno de los mercados de valores) y tienen una gran estructura, con oficinas en todo el país o en todo el mundo. Estos negocios no son el tipo de negocio sobre los que trata este libro.

Así que, ahora que tenemos un conocimiento general de las cuatro categorías de empresas y entendemos la categoría sobre la que trata este libro, analizaremos algunas palabras o frases importantes que debes saber, como propietario de un negocio.

1.3 Emprendedurismo

Un **emprendedor** es una persona que organiza, administra y asume los riesgos de un negocio o empresa. Un emprendedor es un agente de cambio. El emprendedurismo es el proceso de descubrir nuevas formas de combinar recursos[iii].

Los emprendedores son a menudo los desarrolladores de nuevos negocios, pero no son necesariamente los inventores o creadores de un producto o servicio nuevo. Bill Gates y Paul Allen comenzaron Microsoft en 1975. Gates y Allen son un gran ejemplo de la creación de algo a partir de cero; sin embargo, otros grandes emprendedores tomaron ideas y las mejoraron. Por ejemplo, Henry Ford tomó la idea del automóvil, la mejoró y también la hizo más accesible a través de la producción en masa.

Según la revista Forbes, se fundan alrededor de 11,5 millones de empresas nuevas por año en los EE.UU., pero el número a nivel mundial es imposible de calcular. Este número incluye las empresas tan pequeñas como un nuevo vendedor en las calles de Calcuta o tan grandes como una corporación multinacional. Para nuestros fines, sin embargo, consideraremos a un emprendedor como una persona que comienza un nuevo negocio de cualquier tamaño, ya sea solo o con socios.

1.4 Macro y micro economía

La economía puede ser un tema bastante intimidante, ya que incluye conceptos simples con los que todos lidiamos en la vida cotidiana, así como temas complejos que necesitan toda una vida de estudio para ser perfeccionados.

Para efectos de simplificación, lo que necesitas saber es que la economía se divide en dos partes principales: **la macroeconomía** y **la microeconomía.**

La macroeconomía es el estudio de las economías de gran escala como la de un país. Si decides continuar estudiando negocios después de este curso, seguramente tengas una materia que se enfoque en este tema. En este libro, sin embargo, no iremos más allá de esta definición. Si deseas obtener más información sobre la macroeconomía, un buen lugar para empezar es la Kahn Academy u otros sitios del estilo que brindan una amplia visión general del tema.

La microeconomía es sólo eso - micro. Se centra en la economía o el comportamiento de las personas y/o compañías y cómo gastan los recursos limitados. Al igual que con la macroeconomía, la microeconomía se trata en la mayoría de los programas de negocios como una materia independiente. Para ayudarte a incorporar temas de microeconomía, se tratan términos y conceptos a lo largo de todo el libro.

1.5 Administración contable y financiera

Como se dijo anteriormente, mi objetivo en esta sección es simplemente presentarles conceptos sobre negocios. Con tal fin, a continuación se exponen las definiciones de finanzas y contabilidad sin enredarse en los detalles.

Contabilidad: "el sistema de registro y resumen de las transacciones comerciales y financieras, así como de análisis, verificación y presentación de informes de los resultados; *también*: los principios y procedimientos de contabilidad"[iv]

Finanzas: "la manera en que el dinero es utilizado y manejado; *especialmente*: la manera en que las empresas y los gobiernos utilizan y manejan grandes sumas de dinero"[v]

En el capítulo 12, se hace una introducción a los conceptos relacionados con la contabilidad y las finanzas. Estos son, por supuesto, campos de estudio en sí mismos, pero para efectos prácticos, he incluido secciones que te ayudarán mediante el desarrollo de presupuestos y te prepararán para las necesidades financieras de tus operaciones.

1.6 Marketing

El marketing es el área que a menudo se descubre con más comodidad que otros temas de negocios. Los emprendedores por lo general están entusiasmados con su producto o servicio y desean con impaciencia salir y contarle al mundo sobre él.

Sin embargo, el marketing no es tan sencillo como podría parecer inicialmente. En los capítulos 4-9, aprenderás sobre las diferentes facetas de la comercialización y cómo se relacionan con el proceso de planificación. Aunque no es excesivamente difícil, estos conceptos son fundamentales para tu éxito y se debe invertir suficiente tiempo en estas áreas.

1.7 Administración de recursos humanos

El recurso más valioso que una empresa tiene es su gente; sin embargo, también es el área que provoca la mayor parte de los desafíos. En el capítulo 11 podrás explorar esta área difícil pero fundamental para el negocio.

1.8 El entorno legal en los negocios

Una decisión clave que tendrás que tomar en el inicio de tu empresa es decidir cuál será la estructura legal de la empresa. El entorno jurídico de cada país es muy diferente y por lo general esta decisión requiere la contratación de los servicios de un profesional del derecho.

En los Estados Unidos hay por lo general 6 tipos o estructuras, para un negocio. La Administración de Pequeñas Empresas (SBA, Small Business Administration) las lista como: Empresa Unipersonal, Sociedad de Responsabilidad Limitada, Cooperativa, Corporación, Sociedad y Corporación S.

Empresa Unipersonal

Una Empresa Unipersonal es el tipo más básico de empresa a crear. Solo tú eres el dueño de la empresa y eres responsable de sus activos y pasivos.

Empresa Unipersonal

Ventajas	Desventajas
→*Simple para poner en marcha* →*Las ganancias se transfieren a tu impuesto personal - en los EE.UU., por lo general es categoría de ingresos "C", pero puede haber otras categorías para alquiler, granja, inversión, u otros ingresos.*	→*No protege al propietario de la responsabilidad personal* →*Todos los ingresos están sujetos a los impuestos de Seguro Social y Medicare (EE.UU. solamente)* →*Permite un único dueño*

Ejemplo de Empresa Unipersonal:

Aunque el tamaño de las empresas unipersonales puede variar desde un solo dueño hasta muchos empleados, este tipo de empresas es muy común en el caso de peluquerías, empresas de consultoría (que se pueden organizar de otras maneras también) o cualquier tipo de negocio demasiado pequeño para justificar los gastos legales y de contabilidad asociados a otros tipos de empresas.

Sociedad de Responsabilidad Limitada

La LLC (por sus siglas en inglés) está diseñada para proporcionar las características de responsabilidad limitada de una corporación y las eficiencias fiscales y la flexibilidad operativa de una sociedad.

Sociedad de Responsabilidad Limitada	
Ventajas	Desventajas
→*Limita la responsabilidad del titular a la inversión y los activos de la empresa.* →*Permite socios* →*Flexibilidad en la forma en la que se aplican impuestos a la entidad y propietario(s).*	→*Puede requerir declaraciones de impuestos adicionales.* →Habrá *gastos de declaraciones de impuestos.* →*Informe anual obligatorio*

Nota: Hay circunstancias en las que la responsabilidad personal del propietario se puede incrementar más allá de la empresa. Estas circunstancias pueden ser casos de fraude, negligencia o los casos en los que la LLC fue establecida con el único propósito de limitar la responsabilidad.

Ejemplo de Sociedad de Responsabilidad Limitada:

Las Sociedades de Responsabilidad Limitada vienen en un amplio rango de tamaños desde un solo hombre (o mujer) hasta cientos o incluso miles de empleados. La estructura no determina cómo se maneja la empresa, sino que es simplemente una definición legal que ofrece cierta protección para con la responsabilidad legal. Un beneficio adicional es que las ganancias pueden distribuirse de una manera más favorable para el propietario y así reducir en algunos casos la exposición general a los impuestos.

Cooperativa

Las personas forman cooperativas para satisfacer una necesidad colectiva o para prestar un servicio que beneficia a todos los miembros-propietarios.

Cooperativa

Ventajas	Desventajas
→Particularmente útil para la agricultura u otros productos que pueden beneficiarse de la compra y venta a gran escala, dejando el negocio individual autónomo	→Cuantas más personas y opiniones haya, más oportunidad habrá para los desacuerdos y para que se "diluyan" las ideas. →Exige más administración, ya que es una organización independiente

Ejemplo de Cooperativa:

Las cooperativas son más comunes en las zonas rurales agrícolas y se dan cuando los pequeños agricultores quieren unirse para proteger los precios mediante la producción en conjunto. También es beneficioso ya que da a los agricultores algo de poder adquisitivo y les permite negociar precios por cantidades más grandes.

Corporación

La corporación es más compleja y, en general, se sugiere para las empresas establecidas más grandes con muchos empleados.

Corporación

Ventajas	Desventajas
→Limita la responsabilidad de los propietarios y los inversores.	→Impuestos dobles (se gravan las ganancias tanto de la entidad como de propietarios/inversores)
→Aumenta las oportunidades para los inversores. →Es particularmente útil para las grandes organizaciones, pero también puede ser utilizada para operaciones más pequeñas.	→Complejidad en derecho fiscal. →Mayores requisitos de presentación de informes

Ejemplo de Corporación:

Al igual que la mayoría de las otras formas jurídicas de empresas, las corporaciones pueden ser pequeñas o grandes. Sin embargo, cuando pensamos en una corporación, por lo general nos imaginamos el rascacielos con las enormes oficinas ejecutivas y salas de juntas para personas sin corazón.

Este puede ser el caso a veces, pero las corporaciones pueden ser pequeñas y personales o incluso grandes y socialmente responsables. El hecho de que una empresa sea una corporación no es indicación de cómo funcionan o cuantos empleados tienen. De hecho, muchos médicos tienen consultorios que son corporaciones y actúan de manera muy personal con sus pacientes.

Corporación S

Una corporación S es similar a una corporación C pero se le gravan impuestos sólo a nivel personal.[vi]

Hay otras estructuras empresariales que se pueden utilizar para las organizaciones profesionales, tales como abogados, médicos, etc., y varían en función de la ubicación de la empresa.

Corporación S

Ventajas	Desventajas
→*Tiene las ventajas tanto de una corporación como se una sociedad*	→*Declaraciones de impuestos más complejas que en una asociación*
→*Impuestos Pass-through (no existe el doble impuesto como en la corporación)* →*Acceso a más y mejor financiación / inversión.*	→*No tanta flexibilidad para los propietarios*

Para obtener más información sobre las estructuras de las empresas en los Estados Unidos, visite www.sba.gov.

Ejemplo de Corporación S:

Una Corporación S tiene por lo general un tamaño limitado por las restricciones que tiene sobre las clases de acciones. Una Corporación S está limitada en el número de accionistas que puede tener, así como las clases de acciones. Una Corporación S sólo tendrá acciones ordinarias y no preferentes u otra clase de acciones que permitan que la distribución de las ganancias o pagos a los inversores sean diferentes para las distintas clases de inversores.

Un ejemplo de una Corporación S sería un grupo de 5 personas que inician una empresa de sistemas de calefacción y refrigeración que emplea a 100 personas. Cada uno de los propietarios está activamente involucrado y tiene un sueldo. Además de la rentabilidad, sin embargo, gozan de una distribución de las ganancias, que no está sujeta a los impuestos a las ganancias corporativos, lo cual ahorra mucho dinero a los propietarios.

Sociedad

Hay distintos tipos de sociedades que dependen de la naturaleza del acuerdo y las responsabilidades de los socios para con la empresa.

Todos los socios son "agentes" de la empresa y pueden obligar a todos los socios en las decisiones tomadas de forma unilateral.

Sociedad

Todos los socios son "agentes" de la empresa y pueden obligar a todos los socios en las decisiones tomadas de forma unilateral.

Ventajas	Desventajas
→Simple para empezar	→La responsabilidad de los propietarios es ilimitada
→Los informes son flexibles	
→Permite múltiples propietarios	→Los socios (dueños) son conjunta y seriamente responsables de las obligaciones de la empresa
→la estructura de la entidad se puede cambiar fácilmente en cualquier momento	
→Da más y mejor acceso a la financiación	

Un ejemplo de sociedad:

La mayoría de las sociedades, que pueden llamarse de otra forma en ciertos estados o países, son empresas con 2 o 3 propietarios (pueden ser más). Un buen ejemplo de una sociedad sería una empresa de consultoría o incluso un taller de mantenimiento de automóviles, en los cuales los propietarios están involucrados activamente en el negocio (no una sociedad de responsabilidad limitada) y son responsables por el negocio de forma personal, conjunta y seria (independiente).

1.9 Banca y valores

Cada país difiere en gran medida en la forma en que maneja su sistema bancario. Sin embargo, la mayoría de los países tienen bancos privados con fines de lucro que funcionan dentro de un sistema bancario centralizado controlado por el gobierno. En los Estados Unidos, existe el Sistema de la Reserva Federal, el cual técnicamente es independiente del gobierno; sin embargo, el "Fed" depende del gobierno para los nombramientos de los presidentes así como la supervisión del Congreso.

En el caso de una pequeña empresa, las necesidades bancarias son bastante simples y se necesita muy poco tiempo para satisfacerlas. Cada banco puede diferir en la documentación que exige, pero a menudo esta incluye documentación del gobierno que muestra que la empresa es reconocida como una entidad jurídica independiente (a menos que se trate de un único propietario), los números de identificación asignados a la empresa, así como los acuerdos corporativos en caso que corresponda.

Si necesitas aceptar tarjetas de crédito/débito o alguna otra forma de pago, por lo general los bancos pueden ofrecerte estos servicios para tus cuentas por una tarifa extra.

1.10 Sistemas de información empresarial

Los Sistemas de información empresarial incluyen todo, desde la contabilidad y la nómina hasta los sistemas de control de inventario, posiblemente utilizados para transacciones en puntos de venta. Las necesidades varían en gran medida de acuerdo a las empresas y deberán ser abordadas en el plan de negocios, ya que estos sistemas pueden ser bastante costosos.

Un buen lugar para conocer los sistemas de información que los demás están utilizando en tu industria es la web de la Administración de Pequeñas Empresas de EE.UU. en www.sba.gov. Allí puedes especificar tu tipo de negocio y el software y probablemente encuentres soluciones personalizadas para tu industria. A menudo, se puede utilizar software más genérico que satisfaga tus necesidades y a su vez sea menos costoso. Además del software de Microsoft Office, hay muchos programas de contabilidad que son baratos y fáciles de usar, tales como QuickBooks, Sage (Peachtree) , entre otros.

Además de las necesidades de software debes tener en cuenta las necesidades de hardware. Siempre es mejor buscar a un profesional que te pueda asesorar sobre lo que se necesita y el costo asociado. Sin embargo, ten cuidado, ya que vender equipos es su negocio, por lo que es recomendable obtener más de una opinión.

Debido a que la tecnología cambia rápidamente este libro no abordará soluciones específicas

1.11 Entorno global empresarial

Desde la Revolución Industrial a finales de 1700 hasta hoy, los mercados se han vuelto cada vez menos localizados y han evolucionado hacia un enfoque más global. Dependiendo de la empresa, que podría ser desde un pequeño restaurante local hasta una exportadora internacional, el entorno variará ampliamente.

Comprender las tendencias globales y cómo esas tendencias pueden afectar tu negocio es una parte importante del proceso de planificación. La web es un excelente lugar para acceder a publicaciones especializadas y otros artículos que pueden darte una perspectiva de tu industria. Abordar estas tendencias en tu proceso de planificación muestra un profundo conocimiento y sofisticación que te serán beneficiosos en las fases de planificación, financiación y funcionamiento de tu empresa.

1.11.1 Investigación crítica

1. Ingresa al sitio www.sba.gov y haz clic en "Iniciar y administrar" ("Starting and Managing, en inglés) en la parte superior de la página. ¿Qué cinco áreas del sitio te parecieron las más útiles? ¿Por qué? Sé específico.

2. Encuentra un sitio web de tu elección que trate sobre cómo iniciar un negocio. Haz una lista de cinco puntos que consideres que te serán de utilidad cuando comiences el proceso de planificación de negocios.

1.11.2 Aplicación ética
El escándalo de Bernie Madoff

Después de haber construido un imperio de asesoramiento en inversión basado en la mentira y el engaño con la forma del mayor esquema de Ponzi jamás concebido, Bernie Madoff, y sus respectivas compañías, tuvieron una gran cantidad de dilemas éticos a lo largo de cuatro décadas. Con decenas de miles de millones de dólares invertidos por clientes de todo el mundo, la escala parece casi inimaginable. Madoff rompió la mayoría, si no todos, los principios éticos de los negocios. Si ampliamos el panorama, podemos analizar cómo los humildes comienzos de Madoff mostraron signos de alerta temprana que indicaban que se dirigía hacia una catástrofe ética grave.

En los comienzos de su carrera Madoff trabajó en el mercado de valores y como comerciante. Fue entonces cuando comenzó a operar un negocio paralelo que mantuvo oculto incluso de sus familiares más cercanos. El negocio comenzó con la promesa de retornos rápidos y de alto rendimiento para las inversiones de los clientes. Una vez que los inversores mordían el anzuelo, utilizaba otras inversiones para generar la alta rentabilidad. Estas ganancias atrajeron la atención de otros inversores nuevos que vieron las posibilidades de ganar dinero. Este fue el comienzo del gran esquema de Ponzi (o "esquema piramidal"), en el que las inversiones de los nuevos clientes se utilizaban para financiar los retornos de los clientes más antiguos. Este tipo de esquema es ilegal y poco ético, ya que para funcionar requiere del engaño y el robo.

En el apogeo de su carrera, Madoff era el asesor de inversiones más buscado del mercado, a pesar de que no estaba autorizado por el gobierno de Estados Unidos para llevar a cabo tales operaciones. De hecho, Madoff sobornó a las empresas de inversión que canalizaban capital a través de su negocio para que no utilicen su nombre. Aunque no es ningún secreto que Bernie Madoff era el que movía todos los hilos de este plan maestro, no estaba solo. Sin embargo, se necesitó tanto de la cooperación negligente de profesionales de negocios en todo el mundo como de la evidente falta de debida diligencia por parte de las agencias gubernamentales de supervisión para que este fraude inconcebible durara el tiempo que duró.

Examinemos cómo cada decisión que tomamos puede tener consecuencias a largo plazo. Esta decisión a menudo puede ser empañada por la posibilidad de ganancias a corto plazo.

Después de crear un monstruo, Bernie Madoff no pudo, o no quiso, reinar en el asenso de su negocio hacia el escenario mundial. Al ver la posibilidad de ganancias rápidas de alto rendimiento, la codicia colectiva de los inversionistas hambrientos impulsaron a Madoff a conseguir más y más clientes, los cuales necesitaba para pagar las ganancias cada vez mayores. *¿Cómo pueden las pequeñas decisiones que tomamos evolucionar de la misma manera? Da un ejemplo de cómo la decisión de actuar sin ética puede generar una situación grave e incluso ilegal.*

Los conflictos de interés son situaciones en las que una persona o grupo está involucrado en una o más relaciones que se superponen, y esa persona tiene el potencial de no actuar en beneficio de todas las partes involucradas. En otras palabras, el individuo pone su propio beneficio por encima del beneficio de las otras personas involucradas y aprovecha la relación para beneficiarse. *Da ejemplos de cómo esto podría haber sucedido en el caso de Bernie Madoff y cómo podría haberlo evitado.*

1.11.3 Desarrollar habilidades de liderazgo

A continuación se presentan dos ejercicios de formación de equipos de Huddle.com. Tu y tu equipo deben realizar estos ejercicios y luego escribir una reflexión sobre lo siguiente:

1. ¿Eres un buen miembro del equipo? ¿Por qué sí o por qué no?

2. ¿Qué puedes hacer para ser un mejor miembro del equipo?

3. ¿Qué cualidades posees que consideras que te hacen un miembro del equipo colaborador? ¿Qué debilidades posees que consideras que pueden retrasarte a ti o a tu equipo?

4. ¿En qué áreas esperas mejorar a través de la crítica constructiva y los comentarios de tus compañeros de equipo?

5. ¿Qué cualidades ves en tus compañeros de equipo que consideras que serán fortalezas para el proyecto? ¿Debilidades?

Dos verdades y una mentira

Tiempo: 15-30 minutos

Comenzar por hacer que cada miembro del equipo anote en secreto dos verdades y una mentira acerca de sí mismos en un trozo de papel pequeño - ¡nadie debe revelar lo que ha escrito! Una vez que todos hayan completado este paso, conversar abiertamente durante 10-15 minutos - al igual que en un cóctel - durante los que todos se interrogan mutuamente en torno a lo que escribieron en el papel. La idea es convencer a los demás de que tu mentira es en realidad verdad; al mismo tiempo, debes tratar de adivinar las verdades/mentiras de tus compañeros de equipo haciéndoles preguntas. No reveles tus verdades ni tu mentira a nadie - ¡incluso si la mayoría de tus compañeros ya las han descubierto! Después del período de conversación, se debe formar un círculo y cada uno debe repetir sus dos verdades y mentira y el grupo debe votar por la que piensan que es la mentira. Este juego se puede jugar de forma competitiva y otorgar puntos por cada mentira que se adivina o por engañar a los demás jugadores con una mentira. Este juego fomenta la mejora de la comunicación en el trabajo, así como la construcción de buenas relaciones entre compañeros de trabajo.

Juego: los mejores momentos de tu vida

Tiempo requerido: 30 minutos

Esta es una actividad excelente para romper el hielo que es perfecta tanto para grupos pequeños como para grupos grandes. Se comienza por pedir a cada participante que cierre los ojos durante un minuto y piense en los mejores momentos de su vida. Pueden ser momentos que hayan tenido solos o momentos que hayan compartido con familia o amigos; estos momentos también pueden ser éxitos profesionales, revelaciones personales, o aventuras de vida emocionantes. Después de que los participantes han tenido un momento para pensar en los mejores momentos de sus vidas, se les debe informar que la búsqueda de los mejores momentos está a punto de ser limitada. Pedir a cada participante que (con los ojos cerrados) se tome un momento para decidir cuáles serían los 30 segundos de su vida que volverían a vivir si sólo le quedaran treinta segundos de vida. La primera parte de la actividad permite que los participantes reflexionen sobre sus vidas, mientras que la segunda parte (de la cual hablaremos en un momento) les permite llegar a conocer a sus compañeros de trabajo a un nivel más íntimo. La segunda parte del juego es la sección de "revisión". El líder de la actividad preguntará a cada participante cuáles fueron los 30 segundos que eligieron y por qué los eligieron, lo cual permitirá que los participantes se den una idea de las pasiones, amores y personalidades de cada uno.[vii]

1.11.4 El escenario global

Las empresas vienen en muchos tamaños, desde una empresa unipersonal en la que el propietario es el único empleado hasta una gran empresa multinacional que emplea a cientos de miles de individuos.

En este ejercicio, debes investigar la zona metropolitana que tengas más cercana y encontrar tres empresas multinacionales que no sean de tu país (puedes ampliar el área de búsqueda si es necesario). Para cada una de estas empresas debes responder lo siguiente:

1. ¿Dónde tiene la sede principal?

2. ¿Quién es su director ejecutivo (CEO, por sus siglas en inglés)?

3. ¿En qué año comenzó a funcionar?

4. ¿En qué año comenzó a funcionar en la zona cerca tuyo?

2. El plan de negocios

Los objetivos de este capítulo son aprender:

- Qué es un plan de negocios
- Cuáles son las partes de un plan de negocios

El dicho milenario que expresa "la gente que falla en planear, planea para fallar" es particularmente cierto en los negocios. Iniciar (o comprar) un negocio no es un juego en el que hay que utilizar la intuición o instinto para predecir el éxito o el fracaso. Independientemente de la experiencia, la necesidad de un plan de negocios es fundamental. Esto es así por tres razones principales: *potencial de ganancias, viabilidad de mercado y financiamiento.*

2.1 Determinar el potencial de ganancias

El potencial de ganancias es esencial en los negocios. El objetivo principal de iniciar un negocio es generar ganancias. Estas ganancias incrementan el patrimonio neto de los propietarios, maximizando sus riquezas. Esta riqueza puede ser modesta y mantener a un propietario individual y su familia, o podría ser una corporación multinacional que cuenta con miles de accionistas que quieren generar ganancias de una inversión. En cualquiera de los casos, el objetivo de asumir el riesgo de un negocio es la ganancia.

Así que, ¿qué es la ganancia? La ecuación de ganancia es simplemente.

Ingresos

- Gastos

= Ganancia o pérdida

Como aprenderás en el capítulo 11 y en futuras clases de contabilidad, determinar esto puede ser complicado, pero la ecuación, en su forma más simple, es siempre la misma. Calcularás la pérdida o ganancia, lo cual te ayudará a determinar cómo deseas proceder.

Todo proyecto empresarial nuevo implica un riesgo inherente de fracaso. De hecho, de acuerdo con la Administración de Pequeñas Empresas de Estados Unidos (SBA, por sus siglas en inglés), tres de cada diez empresas nuevas no sobreviven dos años, la mitad no

> "La planificación es una de las partes más importantes de la gestión de una empresa, no importa si se trata de una gran corporación multinacional que planifica una expansión o una empresa pequeña que lanza un producto nuevo"

sobrevive cinco años y sólo un tercio dura diez años o más.[viii] El potencial de ganancia de una empresa debe ser comparado con el riesgo a la hora de determinar si proceder o no. Esto se llama *relación riesgo-recompensa.*

Investopedia define la relación riesgo recompensa (a menudo llamada índice de retribución de riesgo) como "un índice utilizado por muchos inversores para comparar la ganancia esperada de una inversión con el riesgo asumido para capturar estas ganancias. Este índice se calcula matemáticamente dividiendo el monto que el inversionista puede llegar a perder si el precio se mueve en la dirección inesperada (es decir, el riesgo) por la cantidad de ganancias que el comerciante espera haber obtenido cuando se cierra la posición (es decir, la recompensa)[ix]. Si bien podemos considerarlo una ecuación matemática, simplemente debemos entender que cuanto mayor sea el riesgo, mayor será la ganancia *potencial.*

Un punto clave a la hora de encarar un nuevo proyecto de negocios es: investiga; se realista; y utiliza el proceso de escribir el plan para ayudarte a determinar cómo proceder. Luego deberías considerar cual podría ser el peor de los casos (la quiebra, la pérdida de capital, etc.).

Si no puedes soportar que exista esa posibilidad, hazte a un lado. Pero si puedes, procede con precaución.

2.2 Determinar la viabilidad de mercado

En la película de 1989, *Campo de sueños*, el agricultor Ray Kinsella (interpretado por el actor Kevin Costner) planea construir un estadio de béisbol y le dan el siguiente consejo: "Si lo construyes, ellos vendrán"[x]. Aunque funciona para este personaje de ciencia ficción, es raro que los clientes corran a comprar tu producto o servicio sólo porque lo has creado. De hecho, ser poco realista en la viabilidad de mercado de un producto o servicio es una de las principales razones por las que las primeras semanas y meses de una nueva empresa agarran a los dueños desprevenidos.

Es fundamental que dediques tiempo, energía y recursos a determinar la viabilidad de mercado para tu empresa. A menos que seas completamente objetivo, es aconsejable contratar a un tercero calificado, imparcial para hacer la investigación y obtener una opinión objetiva y honesta de tu producto o servicio. Mentirte a ti mismo en esta etapa es increíblemente fácil si estás entusiasmado con el emprendimiento y crees en su éxito con datos de apoyo escasos o nulos.

A continuación se describen los 8 pasos para determinar la viabilidad de mercado de Irene A. Blake:

Paso 1

Echa un vistazo a las empresas dentro del área geográfica en la que deseas enfocarte para determinar el nivel de competencia que podrías experimentar, los tipos de estrategias de marketing que pueden tener éxito o fracasar y las características de los clientes que han comprado un producto o servicio similar. Por ejemplo, visita las tiendas y sitios web de la competencia, evalúa sus tácticas de promoción y ventas y observa el tráfico peatonal.

Paso 2

Haz una lista de las características demográficas que crees que comparten los clientes objetivo de tu nuevo producto u oferta en base a tu evaluación de la competencia y los análisis de expertos en publicaciones de la industria. Estas características demográficas pueden incluir la edad, la situación familiar y los ingresos, entre otros. Si tu presupuesto lo permite, contrata a una empresa de investigación de mercado para que te proporcione la información demográfica de las ventas locales, nacionales o internacionales de productos o servicios similares.

Paso 3

Reduce tu mercado objetivo. Esto lo puedes hacer pidiendo opiniones y comentarios a un pequeño grupo de personas que tengan las características demográficas de tus clientes objetivo. Por ejemplo, compra una lista de contactos identificados de una empresa de marketing directo o encuestas y envía un cuestionario al grupo con preguntas sobre sus características demográficas, intereses y hábitos de consumo como las razones por las que van de compras a ciertas tiendas y los tipos de productos o servicios que más valoran.

Paso 4

Invita a 15 o 20 personas de tu lista a probar un prototipo o versión limitada de tu producto para obtener sus opiniones generales acerca de las maneras en las que puedes mejorar la oferta. Por ejemplo, puedes permitir que las personas en tu grupo de prueba prueben tu producto durante 10 días y luego completen una encuesta o participen en un grupo de análisis para hablar de lo que les gusta o disgusta de tu producto.

Paso 5

Cambia tu plan en base a tu investigación, según sea necesario, y luego realiza investigación adicional a través de encuestas y grupos de análisis. Repite este proceso hasta que sientas que tienes un producto o servicio que puede tener éxito con tus clientes objetivo.

Paso 6

Haz una lista de otros factores, además de la opinión del cliente, que pueden afectar el éxito de tu oferta. Dichos factores pueden ser desastres naturales o de origen humano, cambios económicos, nuevos negocios o tecnologías emergentes. Haz una lista de métodos alternativos para atraer a los clientes, aumentar las ventas, o ampliar tu oferta a otros mercados si es necesario.

Paso 7

Estima los costos iniciales y a largo plazo para desarrollar, lanzar y promocionar un producto en base a tus investigaciones y los costos estimados por aquellos involucrados en el proyecto, tales como diseñadores, fabricantes, publicistas, gerentes de proyecto y miembros del equipo.

Paso 8

Analiza todos los datos para determinar si debes seguir adelante con tu nuevo producto o servicio".[xi]

Determinar la falta de viabilidad de un producto puede ahorrarte angustias y pérdidas financieras. Sin embargo, si en el mercado no hay viabilidad para tu producto o servicio, no te rindas. Debes evaluar otros productos y servicios y ofrecer uno que tenga gran potencial. Recuerda que el plan de negocios se trata tanto de aprender lo que debes hacer como lo que no debes hacer.

2.3 Obtener financiación

Aunque el tema de la financiación se trata en el capítulo 11, es importante en esta instancia para entender el rol de la planificación de negocios cuando buscas financiación para tu empresa.

Imagina que tienes grandes sumas de dinero en efectivo disponible y buscas negocios para invertir. Ahora imagina que una persona viene a verte para que inviertas parte de tu dinero en un negocio; un graduado de la Universidad de Harvard impecablemente vestido entra en tu oficina.

Te explica su idea que suena impresionante. Sin embargo, cuando le haces preguntas con respecto a sus planes simplemente responde: "Todo va a salir bien."

Imaginemos ahora una segunda situación en la que un graduado de la secundaria viene a verte y tiene un plan de negocios detallado que muestra una investigación sólida y una clara conclusión lógica. Su producto o servicio es sólido y su plan muestra potencial moderado.

¿En qué empresa/idea te inviertes?

Cuando un banco u otro prestamista evalúa la posibilidad de invertir en una empresa, su principal fuente de información es el plan de negocios. Sin un plan, la entidad crediticia no puede analizar correctamente una empresa, por lo que simplemente no procederá. Sin embargo, con un buen plan de negocios, un prestamista puede analizar los datos y decidir si la empresa está dentro de sus parámetros de inversión. Aunque un plan de negocios, incluso un plan de negocios excelente, no garantiza la financiación, no tener un plan de negocios es una manera rápida de no conseguir la financiación.

La estructura de un plan de negocios

Aunque hay muchas maneras de escribir un plan de negocios, los mejores planes de negocios utilizan algunas de las secciones más comunes. En Estados Unidos la SBA (Administración de Pequeñas Empresas) tiene un recurso práctico que te guía a través del proceso del plan de negocios e incluye las siguientes áreas:

Portada

Resumen ejecutivo

Investigación de mercado

Línea de productos o servicios

Marketing y ventas

Proyecciones financieras

Ya que este libro está diseñado para ayudar a los estudiantes a desarrollar un plan de negocios como parte de un plan de estudios, nos desviaremos del enfoque tradicional. Escribiremos algunas secciones en diferente orden y ahondaremos más profundamente en otras. A los efectos de este texto, el plan de negocios que aprenderás a hacer tiene el siguiente orden:

1. Desarrollo del concepto
2. Marketing
   a. Producto

b. Plaza

c. Precio

d. Promoción

3. Administración general y operaciones

4. Recursos humanos

5. Contabilidad y finanzas

6. Presupuestos

7. Punto de equilibrio y otros análisis

8. Integración

a. Portada

b. Resumen ejecutivo

c. Conclusiones / Observaciones

d. Apéndice y otros anexos

La importancia de un plan de negocios no puede enfatizarse lo suficiente. Sin un plan de negocios sólido, pones tu futuro financiero en gran peligro. Al hacer el trabajo que corresponde, aumentas significativamente tu potencial de éxito.

2.4.1 Conocimiento en acción

Puedes obtener las plantillas que se necesitan para este libro enviando un correo electrónico a info@practicalbusinessplanning.com con el asunto pedido de plantilla Bookboon. (Nota: serás incluido en una lista de correo para emprendedores. Si no deseas estar en dicha lista, debes comprar las plantillas en www.practicalbusinessplanning.com) Después de cada capítulo, construirás una parte del plan en base a lo que has aprendido y en última instancia tendrás un plan de negocios como proyecto final

Para este capítulo debes ir a la sección *concepto de negocio* y escribir por lo menos 1-2 páginas que resuman tu concepto de negocio. El concepto puede revisarse en cualquier momento, así que trata de no estancarte en las preocupaciones que tienes. En cambio, escribe algo para empezar y regresa a lo que escribiste más adelante cuando tu concepto tome mejor forma.

2.4.2 Investigación crítica

Ingresa a la página www.sba.org y encuentra su versión de un plan de negocios. Contesta las siguientes preguntas:

    A. ¿Qué te gusta y qué no te gusta del plan?

    B. En base al conocimiento que adquiriste hasta ahora, ¿qué puedes hacer para fortalecer el plan?

    C. Si fueras un prestamista que está leyendo el plan, ¿qué preguntas tendrías?

2.4.3 Aplicación ética

Monsanto es una empresa multinacional estadounidense, agrícola y química con sede en Missouri. En los últimos años, el carácter ético de las prácticas de negocios de la empresa ha sido objeto de un escrutinio cada vez mayor.

Monsanto es el principal productor de semillas modificadas genéticamente y tiene presencia directa en más de 66 países en todo el mundo. En sus principios, Monsanto fabricaba detergentes, pesticidas y otros productos químicos. Incluso desarrolló el famoso, o mejor dicho infame, químico llamado 'agente naranja' que fue utilizado por el ejército estadounidense durante la guerra de Vietnam para infligir bajas brutales al Viet Cong.

Entonces, ¿cómo una empresa que fabricó productos químicos de nivel de armas militares comienza a suministrar a los agricultores con semillas modificadas genéticamente? Sencillo. A mediados de la década de 1980 Monsanto estaba patentando productos farmacéuticos y dio el salto en 1994 a la tecnología de semillas y cultivos. Desde este cambio de producto, Monsanto ha estado ampliando cada vez más su alcance mediante la adquisición de empresas productoras de semillas.

Cuestión ética 1: Soborno

En la primera página de su manual de políticas de la empresa, Monsanto explica su postura sobre el soborno y expresa con firmeza que está 'estrictamente prohibido'. Desafortunadamente, en 2005 Monsanto fue duramente criticada por el soborno de un funcionario de Indonesia, lo cual resultó en una multa de $1,5 millones de dólares. El soborno inicial se iba a pagar a funcionarios del gobierno de Indonesia a fin de evitar que se lleven a cabo estudios de impacto ambiental sobre su algodón.

Hay cuestiones éticas multifacéticas en este caso. En primer lugar, debemos recordar que la cuestión del soborno nunca fue el dilema ético principal. Sin embargo, cubrió de forma maravillosa el verdadero problema que era el impacto ambiental de la producción de algodón de Monsanto. Con la módica suma de $1,5 millones de dólares, la empresa aceptó la culpa por el escándalo de los sobornos, y luego continuó con la producción de algodón en la región.

Muchas empresas a menudo muestran sus intenciones y normas éticas verdaderas cuando se llevan a cabo investigaciones sobre sus prácticas de negocios. En cuanto a la respuesta de Monsanto ante las acusaciones de soborno, un alto directivo (no un empleado de bajo nivel) dio instrucciones a una empresa de consultoría de Indonesia para que le de $50.000 a un funcionario ambiental de Indonesia de alto nivel. Inmediatamente después del escándalo, Monsanto despidió al "empleado" de la que ahora llamaban empresa "subsidiaria" o secundaria, distanciándose del foco de atención de forma efectiva. Sin embargo, se descubrió que Monsanto había estado sobornando a funcionarios gubernamentales de alto nivel durante años.

Cuestión ética 2: Ganancias poco éticas

Me vienen a la mente muchas imágenes cuando pienso en "Terminator", por ejemplo Arnold Schwarzenegger en una motocicleta y diciendo 'I'll be back' (volveré). Algo que nunca me viene a la mente, o nunca debería venirme a la mente, es la comida. Sin embargo, Monsanto, desde sus primeros años como productor de semillas, ha desarrollado un gen dentro de las semillas que venden a los agricultores denominado el "gen terminator". Este gen elimina de forma efectiva la capacidad de las semillas de reproducirse, haciendo que el agricultor le compre más semillas a la empresa todos los años.

Esta "patente sobre la vida" y el abuso de los agricultores de bajos ingresos no es ético. Haciendo caso omiso de las cuestiones más profundas como los efectos ambientales a largo plazo o los efectos en las reservas mundiales de semillas que tiene este tipo de comportamiento enfocado en las ganancias, ¿se le debería permitir a Monsanto que altere la composición genética de las semillas que se utilizan para alimentar a miles de millones de personas en todo el mundo? Si fuera así, ¿quién debería ser el encargado de evaluar los datos para determinar si este comportamiento es seguro para los seres humanos? La FDA, la Administración de Fármacos y Alimentos de los Estados Unidos, no evalúa las empresas, sino que examina las "auto-evaluaciones" que realizan las empresas por su cuenta. Estas pruebas pueden ser manipuladas fácilmente. Entonces, ¿estas auto-evaluaciones son éticas?

Dilema ético 3: PCB

Monsanto fue el mayor productor de PCB (bifenilos policlorados) de los Estados Unidos. Los PCB son compuestos químicos que se utilizaban como refrigerantes hasta que fueron prohibidos en 1977 debido a que causan cáncer en animales y humanos. El dilema se produjo cuando se confirmaron las denuncias de que Monsanto había vertido a sabiendas toneladas de estos compuestos químicos en los arroyos que desembocaban directamente en el suministro de agua local. También había enterrado millones de libras de esta sustancia química en las laderas cercanas a las comunidades locales. La empresa pagó $700 millones para resolver los reclamos pero no la cerraron por su negligencia grave. Se pueden encontrar vertederos similares en el Reino Unido.

Los dilemas éticos de Monsanto no se terminan ahí. Desde el uso de hormonas de crecimiento que se ha demostrado que causan cáncer en los seres humanos y dañan al ganado, demandas a los agricultores por violación de patentes porque el viento voló las semillas de Monsanto a un campo adyacente hasta la causa de cánceres, alergias y trastornos de inmunosupresión en todo el mundo a causa de alimentos genéticamente modificados, Monsanto es visto por muchos como el mejor ejemplo de un negocio que funciona sin normas éticas.

Tu turno: Analiza las tres cuestiones éticas y da ejemplos de cómo Monsanto debería haber actuado éticamente en cada uno de ellas. Busca una cuestión ética que no figure entre estos tres y describe el problema y cómo podría haber sido manejado éticamente.[xii]

2.4.4 Desarrollar habilidades de liderazgo

Ingresa a la página http://freestrengthsfinder.workuno.com/ y realiza la prueba de buscador de fortalezas (no necesitarás los resultados de las pruebas ampliadas que requieren un pago; sin embargo, puedes decidir hacerlo por tu propia educación).

A. ¿Cuáles son tus fortalezas?

B. ¿Eres apto para una profesión en los negocios? ¿Como emprendedor?

C. ¿Qué dice esto acerca de tus habilidades de liderazgo?

D. Compara tus resultados con los resultados de los miembros de tu equipo. ¿Qué has aprendido acerca de cada uno de ellos?

E. ¿Cómo pueden utilizar los resultados para trabajar mejor como equipo?

2.4.5 El escenario global

Escribe un resumen histórico de 1 página de cada una de las tres empresas del Capítulo 1.

3. El Concepto

Los objetivos de este capítulo son aprender sobre:

- *Cómo desarrollar un concepto*
- *Cómo evaluar la viabilidad de tu concepto*

Muchas veces la fase del concepto está dada (como cuando compras una empresa existente) o ha estado dando vueltas en tu mente desde hace algún tiempo. Sin embargo, es importante no ser demasiado informal con respecto a esta fase de tu plan. Aunque un restaurante que vende salchichas y hamburguesas puede *parecer* obvio, las sutilezas que te diferencian de los demás pueden no ser tan fáciles de ver al principio.

Pensemos por un momento en un salón de belleza. Cada salón ofrece servicios básicos como lavado de cabello, cortes de pelo, permanentes, teñido de cabello y otros servicios típicos de un salón de belleza. Algunos pueden incluso agregar manicura y pedicura, masajes, o incluso bronceado. Sin embargo, los servicios son básicamente los mismos en todos los salones. Entonces, ¿de qué forma el concepto de salón de belleza no es tan obvio?

Recientemente, mi yerno me dio una tarjeta de un salón de belleza que se enfoca principalmente en los hombres. La decoración del lugar está orientada a los deportes con grandes televisores en una sala de espera tipo estadio. Los empleados visten camisas deportivas de los equipos locales y nacionales, y las habitaciones están decoradas con temas deportivos como por ejemplo un vestuario.

Ahora compara este concepto con el último salón que visitaste. ¿Son el mismo concepto? Sí, en ambos se corta el pelo y ofrecen muchos de los mismos servicios pero ¿son el mismo concepto?

En el desarrollo de tu concepto, no sólo debes tener en cuenta el producto o servicio directo de tu empresa sino también los matices emocionales.

Pensemos de nuevo en el salón de belleza típico que se ve en todas las ciudades. ¿Cómo te sientes al respecto? ¿Genera en ti una fuerte emoción? Ahora considera el salón decorado con temas de deporte. ¿Cómo te hace sentir eso? ¿Qué salón genera una emoción más fuerte? Si eres un fanático de los deportes, un salón temático de deportes probablemente te emociona, te hace sentir algo especial con respecto a tu experiencia en el salón. Es esta sensación la que no sólo atraerá a una clientela determinada sino que también permitirá el aumento de los precios y la rentabilidad. Este concepto está cubierto en profundidad en la sección de marketing, pero también debe tenerse en cuenta en esta etapa.

Al desarrollar tu concepto hay 5 preguntas principales en las que debes centrarte:

1. ¿A quién estás tratando de atraer?
2. ¿Qué sensación estás tratando de generar?
3. ¿Hay una necesidad de mercado para esta emoción?
4. ¿Cómo te vas a diferenciar de los demás?
5. ¿Cuánto tiempo durará esta oportunidad?

¿A quién estás tratando de atraer?

Tu primera reacción a esta pregunta podría ser que deseas atraer a todo el mundo, pero no es así en la mayoría de los casos. Al igual que el salón de belleza que se enfoca en hombres que aman los deportes, tu negocio tendrá matices que lo orientarán hacia un grupo demográfico específico. Es en este grupo demográfico en el que enfocarás tu atención en relación al marketing y otras decisiones críticas para tu negocio.

Para determinar mejor a quién quieres atraer, imagina tu primer semana en funcionamiento. ¿Cómo se ve? ¿A quién ves entrando por la puerta como tu cliente? Esa persona es sobre la que debes enfocar tu atención.

¿Qué sensación estás tratando de generar?

De acuerdo a tu grupo demográfico objetivo, tu empresa debería generar una sensación para el cliente. Todo, desde el color de las paredes hasta música que suena de fondo, genera una sensación que debe ser atractiva para tus clientes. En el caso del salón de belleza con temática deportiva, los asientos en forma de gradas del estadio, los canales de deportes en las televisiones, y los empleados con camisetas de equipos deportivos generan una sensación de estar en un estadio deportivo. Las personas a las que no les gusta el deporte no se sentirían atraídas por este tema. Sin embargo, el mercado objetivo, probablemente los hombres jóvenes, se sentirán muy atraídos por este tema y no sólo irán al salón, sino que probablemente estén dispuestos a pagar un precio mayor por esa sensación.

Piense en la última vez que compró ropa o al menos intentó comprar. Puedes comprar ropa en muchos puntos de venta diferentes, pero elegiste a comprar ropa en una tienda en particular. ¿Por qué?

Si haces compras en un centro comercial, probablemente has tenido la oportunidad de visitar tiendas de ropa que tienen grandes carteles fuera de la tienda con jóvenes ligeros de ropa y música moderna a todo volumen dentro de la tienda. Obviamente esta tienda no está tratando de atraer a una abuela de setenta años. Así que ¿a quién están tratando de atraer? Es evidente que su objetivo es un grupo demográfico joven y han adaptado la sensación de la tienda para la audiencia objetivo. Cuando el cliente compra, recibe una sensación mucho mayor de la tienda que de la ropa que ha adquirido. Ese sentimiento es increíblemente importante en el desarrollo del concepto para tu empresa.

¿Hay una necesidad de mercado para esta sensación?

Así que, ahora que tienes una idea de la sensación o emoción que deseas generar en tu público, debes asegurarte de que existe un mercado real para esa emoción. No todas las sensaciones tienen el mismo atractivo y la tuya puede ser demasiado complicada o reducida para ser viable.

Es importante señalar en este punto que no debes enamorarte locamente de tu concepto. Recuerda que el objetivo de un negocio es ganar dinero. Si tu gran idea no te hará ganar dinero o el dinero suficiente para hacer que valga la pena, pasa a otra idea.

Si volvemos al salón de belleza con temática deportiva y estamos de acuerdo en que el público objetivo o audiencia principal de esta emoción es hombres jóvenes (sí, a las mujeres también les gustan los deportes, pero no en el mismo número), no tendría mucho sentido colocar este salón junto a una universidad exclusivamente para mujeres. No importa cuan buena sea la idea, también debe coincidir con la necesidad del mercado.

¿Cómo te vas a diferenciar de los demás?

Aunque hay ideas muy originales, la mayoría no son originales y son simplemente un intento de construir una mejor trampa para ratones por así decirlo.

¿Cuánto tiempo durará esta oportunidad?

Todas las ideas, independientemente de su impacto en la sociedad, sigue su curso. Ese curso puede ser de corta duración o puede durar muchas vidas, pero en algún momento algo llegará y lo reemplazará.

Este libro, que hace tan sólo 20 años hubiese necesitado ser impreso y distribuido a través de las librerías, ahora se puede ver de forma electrónica o pedir en línea y ser enviado directamente a tu casa. Esto nos parece muy normal hoy en día, pero era inimaginable cuando se inventó la imprenta.

Por supuesto que hay innumerables preguntas que te puedes hacer, pero estas cinco son un buen comienzo. A medida que avances a través del plan de negocios, sobre todo en la sección de marketing, estas y otras preguntas serán respondidas, y tu concepto se fortalecerá, aumentando tu potencial de éxito.

3.1 Conocimiento en acción

Utilizando la plantilla proporcionada en este libro o disponible en www.practicalbusinessplanning.com, comenzarás a escribir tu plan de negocios. Te basarás en lo que has aprendido en cada capítulo y al finalizar, tendrás un plan de negocios como proyecto final.

Para este capítulo debes ir a la sección concepto de negocio y escribir por lo menos 1-2 páginas que resuman tu concepto de negocio. El concepto puede revisarse en cualquier momento, así que trata de no estancarte en las preocupaciones que tienes. En cambio, escribe algo para empezar y luego regresa a lo que escribiste y veras como tu concepto toma mejor forma.

3.1.1 Investigación crítica

"Nueva Coke"

En 1985, la empresa Coca-Cola creó una nueva fórmula que eventualmente se conoció como la "Nueva Coke". La fórmula nueva fue un fracaso enorme y condujo al eventual retorno a la fórmula vieja.

3.	Teniendo en cuenta los vastos recursos de Coca-Cola, ¿por qué este nuevo concepto fue un fracaso?
4.	Nombra dos productos que hayan fracasado y dos productos que hayan tenido éxito que sean similares entre sí.
Compara y contrasta esos conceptos.

3.1.2 Aplicación ética

"Ahorre dinero, viva mejor"

Con un eslogan que hace dos promesas muy atractivas, la empresa Wal-Mart audazmente dice ser, no sólo la proveedora de todas las necesidades de la familia moderna Estadounidense, sino una manera de ahorrar unos cuantos dólares mientras haces que tu vida sea mejor.

Si bien este eslogan puede ser subjetivo y engañoso, no estamos analizando la ética de la consigna de Wal-Mart, sino más bien cuan éticas son sus prácticas de negocios. Wal-Mart es, sin embargo, el empleador privado más grande del mundo con más de dos millones de empleados y la segunda corporación más grande del mundo.

Dilema ético: "¿Cómo se puede ahorrar todo ese dinero?"

Wal-Mart es conocido por su estrategia implacable de ofrecer a sus clientes los precios más bajos posibles. ¿Este precio más bajo tiene un costo demasiado grande para ser compensado por las ganancias a corto plazo de unos pocos dólares extra en tu bolsillo? Muchos creen que la respuesta a esa pregunta es un rotundo "Sí". Las pequeñas empresas de todo el país han sido empujadas a la quiebra y a la tercerización debido a la competencia imbatible de Wal-Mart.

En casi todas las ciudades y pueblos de Europa se pueden encontrar carniceros, zapateros, tiendas de música y mercados de productores locales. Estas empresas son las que impulsan no sólo las economías, sino también la creación de empleo y carreras en trabajo cualificado. En los Estados Unidos, este también era el caso; sin embargo, los grandes gigantes minoristas como Wal-Mart han ofrecido a los clientes precios que son imposibles de igualar por estas tiendas locales.

Los clientes, pensando que ahorrarán un poco de dinero, optan por la cadena nacional de venta al por menor y se cierran para siempre las puertas de las pequeñas empresas en todas partes. Las pérdidas a corto plazo son los puestos de trabajo de los propietarios y empleados de las tiendas, pero las pérdidas a largo plazo son la destrucción de campos profesionales cuyas habilidades se han perdido.

Otros efectos a largo plazo son el resultado directo de las prácticas comerciales de Wal-Mart. Wal-Mart no sólo ofrece precios bajos a sus clientes, sino que también exige precios bajos a sus proveedores. Por ejemplo, Levi Strauss, la empresa Estadounidense de ropa que presentó los pantalones vaqueros al mundo, era uno de los protagonistas principales de la industria. Desafortunadamente, los clientes compran los pantalones vaqueros de Wal-Mart cada vez más, debido a sus precios bajos, y con el fin de mantenerse en el negocio, Levi Strauss ahora debe vender sus pantalones vaqueros en las tiendas Wal-Mart en todo el país.

El problema con esta unión es que la empresa de pantalones vaqueros Levi originalmente se enorgullecía por su calidad de fabricación estadounidense, proporcionando mano de obra calificada y empleo a miles de trabajadores estadounidenses. Sin embargo, una vez que Wal-Mart se convirtió en el mayor vendedor de pantalones vaqueros de Levi, comenzaron a exigir precios más bajos a la marca. Con el fin de satisfacer estas demandas, Levi Strauss tuvo que despedir a casi la totalidad de su fuerza laboral estadounidense y subcontratar su fabricación a México, donde la mano de obra es más barata. Otras compañías como Master Lock, Vlasic y Nabisco también se encontraron en la misma situación que Levi Strauss.

Otra cuestión que, si bien no es ilegal, podría ser considerada poco ética o también un conflicto de intereses importante, es que Wal-Mart regularmente exige ver los informes financieros de sus proveedores con el fin de averiguar dónde tienen que hacer recortes para mantener sus precios bajos.

Algunos se preguntarán por qué estos proveedores no cortan lazos con Wal-Mart y optan por vender en otros lugares. El problema es que los competidores con acuerdos con Wal-Mart, la cadena minorista más grande del mundo, dejarían a muchas de estas empresas sin posibilidades de trabajo. Con el fin de mantener su viabilidad y éxito, estas empresas y proveedores hacen acuerdos que inevitablemente entregan el control de sus negocios a Wal-Mart.

Las ciudades pequeñas que antes estaban llenas de trabajadores cualificados en las industrias comerciales han visto a los trabajadores quedar desempleados. Las fábricas y las pequeñas empresas que antes satisfacían las necesidades de los pueblos y ciudades pequeñas han sido reemplazadas por enormes tiendas llenas de mercancía de baja calidad fabricada en el extranjero, y Wal-Mart, la misma empresa que ayudó a causar el colapso de estas industrias, ahora emplea a la fuerza laboral que quedó en el abandono. En otras palabras, las pequeñas empresas familiares han desaparecido y esas mismas familias trabajan para Wal-Mart con una remuneración mucho más baja.

Una vez, hace mucho tiempo, Wal-Mart se enorgullecía de los productos fabricados en Estados Unidos, por lo menos en teoría, pero en su afán por ser el vendedor minorista más barato del mercado, la calidad se ha dejado a un lado, y su eslogan ha demostrado el cambio en la ética. Ahora, el eslogan dice: "Ahorre dinero ...", lo cual me parece lo más cierto de los verdaderos ideales de Wal-Mart: eliminar toda la competencia mediante la venta de productos lo más barato posible. Desafortunadamente, o mejor dicho, afortunadamente, este tipo de práctica es autodestructiva. Cuando remueves tierra debajo de una pirámide para construirla, inevitablemente se desmoronará.

Preguntas de análisis:

6.   Aunque Wal-Mart no esté violando la ley con algunas de sus prácticas de negocios, ¿son éticas? Dar ejemplos específicos. Además, describe una situación en la que uno de los dilemas éticos que Wal-Mart haya enfrentado en los últimos años se podría haber manejado mejor.

7.   Responder en forma de ensayo (escribir al menos dos párrafos y citar las fuentes cuando sea necesario): ¿El beneficio económico debe ser el objetivo principal de una empresa? ¿La estrategia de negocios de Wal-Mart deja al cliente y a la economía mejor o peor que antes?

3.2 Desarrollar habilidades de liderazgo

Para este ejercicio, elegirás un líder de una organización con fines de lucro para entrevistar. Este líder no necesariamente tiene que estar en el nivel más alto de la organización, pero debe ser alguien con muchos años de experiencia de la que puedas sacar provecho.

Ir a la entrevista con un mínimo de 10 preguntas sobre liderazgo. Un ejemplo de una pregunta que puedes hacer es: "¿Cuáles han sido sus mayores éxitos y fracasos en el liderazgo?" o "¿Quién es su líder favorito?"

Prepara un diario sobre las lecciones que estás aprendiendo sobre el liderazgo y cómo las estás aplicando a tu vida.

3.2.1 El escenario global

En base a lo que has aprendido con respecto a las tres empresas multinacionales de los capítulos 1 y 2, ¿cómo han cambiado sus productos con el correr de los años? ¿Cómo cambiaron sus productos para satisfacer mejor las necesidades de tu país?

5. Marketing

Los objetivos de este capítulo son aprender sobre:

- *Cuáles son las 4 P del marketing*
- *Qué formas hay de publicitar y promocionar*

El marketing puede ser muy divertido para el dueño de una empresa nueva. A través de él, puedes "gritar a los cuatro vientos" la emocionante noticia de tu gran producto. Las decisiones tomadas en marketing, sin embargo, son más complejas de lo que se pensaba inicialmente, pero con una planificación adecuada, estas decisiones pueden ser una herramienta eficaz para impulsar las ventas de tu empresa.

Es importante entender que la publicidad es sólo una parte del marketing. El marketing puede incluir las relaciones públicas y el servicio cívico, además de la publicidad. Para promocionar correctamente tu producto o servicio, es necesario encarar el marketing de tantas formas como sea necesario.

El marketing se presenta mejor a través de la **mezcla de marketing**. A la mezcla de marketing también se le llama **las 4-P del marketing.** Las 4-Ps son ***producto, precio, plaza*** *y promoción*. Cada "P" se identifica por separado, pero trabajan en conjunto para promover el producto adecuado en el lugar adecuado y al precio adecuado.

4.1 Producto

Existe una superposición significativa entre el producto y el concepto. El concepto se centra en el panorama general de tus productos y servicios, en la sección de productos nos centraremos en detalles más específicos.

Una vez que tienes el concepto en mente, debes pensar en lo siguiente:

1. ¿Hay un solo producto o tiene muchas categorías diferentes? Un ejemplo sería el de una tienda de ropa que vende ropa para hombres, mujeres y niños.
2. ¿Quién será el proveedor de este producto? ¿Estoy fabricando el producto desde cero, o estoy comprando a un proveedor?
3. Si estás fabricando el producto, ¿quién se está dedicando a la parte de ingeniería, las pruebas beta, etc.? (Debes tener una sección aparte en tu plan dedicada exclusivamente a la fabricación que

responda a estas preguntas y describa la planta de producción en general, las líneas de producción, incluyendo las plantas y equipos, control de calidad, etc.).

4. Si compras a un proveedor, identifica quienes son estos proveedores, cual es el plazo de ejecución de los pedidos, cual es el costo de envío, etc.

5. ¿Cómo se presentará mi oficina o tienda a los clientes? ¿Será un lugar físico, un espacio virtual (presencia en la web) o ambos?

6. ¿Cuál será la apariencia de mis carteles? ¿Tendré un logo? ¿Quién será el diseñador del logo y quien preparará los carteles?

7. ¿Qué colores utilizaré? ¿Son apropiados para mi público objetivo?

8. ¿Cómo presentaré mi producto de forma atractiva? (en este punto, considera todo, desde las estanterías hasta las etiquetas y los carteles).

9. ¿Habrá música? Si es así, ¿por qué medio se reproducirá y cuál será el costo?

10. Desde el momento en que los clientes acuden a tu tienda (o sitio web), ¿cuál será la experiencia total? Tener en cuenta todo, desde la bienvenida hasta el proceso de pago.

Estas son sólo algunas de las cosas que debes tener en cuenta con respecto a tu producto. Cada producto o línea de producto es diferente y necesitará mucha dedicación para garantizar que estás maximizando tu éxito y rentabilidad potenciales.

Si su producto es algo que otros ya venden, investiga el sitio web o la tienda de tu competencia y compra algo. Averigua lo que están haciendo bien y mal. ¿Cómo vas a diferenciar tu producto?

Después de analizar todas estas preguntas y muchas más, revisa su producto y realiza los cambios. El momento de realizar cambios es en el proceso de planificación, no una vez que tu producto está en los estantes.

4.2 Precio

Probablemente estás pensando, "¿Este tema por qué no se trata en la sección de contabilidad"? Aunque definitivamente está relacionado con la contabilidad, en realidad es una parte muy importante de tu plan de marketing, ya que afecta todas las facetas de tu negocio, incluyendo el volumen de ventas y la rentabilidad.

El precio puede ser un tema muy complejo para la mayoría de la gente. A menudo, los empresarios simplemente estiman el precio que quieren cobrar porque piensan "si lo hago, vendrán". Bueno, no es tan simple. El precio es una de las decisiones más importantes que deberás tomar como propietario de un negocio. Debe ser tomado en serio, ya que afectará todos los niveles de tu negocio.

Entonces, ¿cómo le pones el precio a tu producto? Muchas veces, los precios se verán determinados por la competencia. Sin embargo, debes tener cuidado y no permitir que los precios inadecuados de tu competencia hagan que tu producto no sea rentable. Debes tener en cuenta muchas variables, de las cuales sólo una es la competencia. Otras variables son las normas de la industria (ver la sección de contabilidad para más detalles), la información de la asociación local de empresarios, el costo fijo y el costo de los materiales y mano de obra, sólo para nombrar unos pocos.

Debes determinar el costo de mano de obra y materiales para hacer tu producto. Si compras a un proveedor, esto es simplemente el costo del producto al por mayor más el envío. Si lo fabricas, esto deberá ser cubierto en la sección de fabricación de tu plan que está más allá del alcance de este libro.

En el libro de Excel del Apéndice A, podrás ingresar las variables de costos estimadas y puedes ver los resultados en los estados pro-forma. Esto te dará una idea de si no estás cobrando lo suficiente, en base a tu costo de producción/compra, más otros gastos como alquiler, servicios públicos, sueldos y salarios, etc.

Una vez que estés satisfecho con el precio, compárate con tus competidores. ¿Eres competitivo? Si tus precios son demasiado altos, ¿puedes hacer que funcione? Si tus precios son demasiado bajos, ¿puedes aumentar el costo, o estás tratando de ser el líder en precio para atraer clientes?

4.3 Plaza

La colocación del producto o servicio es, sin duda, la parte más difícil del plan de marketing para la mayoría de las empresas. Puedes tener un gran producto con un buen precio, pero hay que recordar que las tiendas se llenan de solicitudes para vender nuevos productos. Las tiendas de comestibles tienen tan poco espacio que a menudo debes pagar una tarifa para colocar tus productos en sus estanterías. Este hecho hace que la industria de la alimentación sea una de las más difíciles de penetrar. Sin embargo, un buen plan puede ayudarte a superar incluso la más difícil de las situaciones.

Si vendes a través de un distribuidor (en otras palabras, otro vende el producto que estás fabricando), debes tener en cuenta lo siguiente:

1. ¿Que tiendas u otros puntos de venta venderán tu producto?
2. ¿Acordaron vender tu producto? ¿Tienes un contrato o algún otro tipo de acuerdo?
3. ¿Cómo vas a distribuir este producto (entrega, envío, etc.)?
4. ¿Tendrás que pagar una tarifa para poner tu producto en los estantes?
5. ¿De qué serás responsable con respecto a estanterías, exhibidores, publicidad/presentación, o cualquier cosa que pueda aumentar tu costo total?
6. ¿Serás responsable de promociones como "compre uno y llévese otro gratis" u otras actividades promocionales?
7. ¿Tu capacidad de producción puede satisfacer las necesidades estimadas?

Si vas a vender tu producto directamente al consumidor en un espacio de estilo tienda, debes tener en cuenta lo siguiente:

1. ¿Cuánto espacio necesitarás para la venta y para el almacenamiento?
2. ¿Qué sistema/software, etc. utilizarás para las cajas registradoras?
3. ¿Qué necesitarás para los exhibidores exhibirlo (estantes, perchas, etc.)?
4. ¿Cómo harás que el interior sea atractivo y exhibirás tus productos de la mejor manera?
5. ¿Cómo atraerás clientes? ¿Carteles, banners, etc.?
6. ¿Cómo reducirás al mínimo el robo/pérdida?
7. ¿Cuáles serán tus necesidades iniciales y continuas de inventario?

Si vas a vender el producto a través de la web, debes tener en cuenta lo siguiente:

1. ¿Quién va a hacer y alojar tu sitio?
2. ¿Cómo vas a distribuir/enviar el producto?
3. ¿Cuáles serán los gastos de envío?
4. ¿Cómo vas a atraer a la gente a tu sitio?
5. ¿Cuánto inventario debes tener disponible en todo momento?

Independientemente de la forma en la que vendas tu producto, debes darle importancia a la toma de estas decisiones más detalladas, ya que tu éxito dependerá en gran medida de las decisiones que tomes al principio del proceso.

4.4 Promoción

Hay miles de maneras de promover tu empresa. Estas pueden incluir desde hacer publicidad en un periódico local hasta estar en un circuito de conferencias o hacer publicidad en publicaciones comerciales. Las empresas individuales necesitan actividades promocionales individualizadas. Si eres fabricante de equipos para minas, una publicidad en el periódico de una ciudad grande probablemente no sea lo mejor. Sin embargo, para una tienda local de mascotas, puede ser lo ideal. Como se dijo anteriormente, esto varía mucho de una empresa a otra.

Debido a que el presupuesto de marketing para tu producto o servicio es limitado, debes asegurarte de aprovechar tu inversión al máximo al decidir la mejor vía para la publicidad y promoción. A continuación, he enumerado varios métodos con los comentarios correspondientes.

El periódico

El periódico local, regional, o nacional puede ser una excelente manera de comercializar algunos productos o servicios, pero ciertamente no todos. Suponiendo, sin embargo, que consideras que el periódico es apropiado para tu producto o servicio, hay muchas decisiones que debes tomar como cuál periódico, tu presupuesto, qué día(s), la duración y la ubicación. No hay normas estrictas para tomar estas decisiones.

Una ayuda a la hora de tomar estas decisiones es mirar a tus competidores. ¿Están publicando anuncios? Si es así, ¿cuándo publican los anuncios, de qué tamaño y dónde están colocados en el periódico? Las respuestas a estas preguntas no son la conclusión de tu investigación, sino más bien el comienzo. Tienes que ser cauteloso aquí, ya que tus competidores tal vez no estén haciendo un buen trabajo con respecto a la comercialización y seguirlos puede tener malos resultados.

Una segunda manera de decidir es la prueba y error. Si experimentas y realizas un seguimiento de los resultados, con el tiempo averiguarás qué te funciona mejor. Esto, sin embargo, puede ser costoso, así que asegúrate de investigar en tu industria en primer lugar, y luego hacer el experimento.

Para las relaciones públicas, un periódico puede ser muy eficaz. La mayoría de los periódicos buscan buenas historias y, a menudo prestan atención a las empresas que se anuncian con ellos.

Una forma de obtener relaciones públicas gratuitas para tu empresa es usar la sección de anuncios. Esta sección permite que las personas en tu área se enteren de las promociones y cambios de personal de la empresa. A través de este medio básicamente obtienes un anuncio gratis mientras que los potenciales clientes conocen los nombres y rostros de tus empleados.

Otra manera efectiva de obtener relaciones públicas gratis en el periódico es patrocinar eventos de caridad en tu área. Si patrocinas el evento, el periódico, cuando haga una historia, mencionará tu nombre prominentemente, muchas veces con una foto.

Es importante realizar un seguimiento de los resultados de todas las acciones de marketing. Puedes hacerlo a través de una variedad de métodos que pueden ser cuestionarios, simples conversaciones con los clientes o a través de una identificación promocional en el anuncio (por ejemplo, que el cliente mencione que vio el anuncio en el periódico para obtener un descuento del 10%).

Televisión

La publicidad en televisión puede ser muy cara, pero también puede ser muy eficaz para llegar a un determinado público. Si tu presupuesto te lo permite y crees que la televisión es una buena inversión, debes contactarte con varias estaciones en tu área, así como con proveedores de cable y satélite. Pide a cada uno de estos proveedores que te envíe un paquete que detalle su enfoque demográfico y el costo. Luego, analizas esta información junto con los días de la semana y horas del día que desea ser visto.

No todos los anuncios de televisión se crean de la misma forma. Estoy seguro que has visto ejemplos buenos y malos, tanto a nivel local como nacional. Es fundamental analizar tus opciones, en relación al costo, para obtener el tipo de anuncio que deseas, ya que es un reflejo de tu empresa.

Radio

A menudo, los vendedores de radio hablan de la "recordación espontánea" cuando venden espacios publicitarios de radio. Lo que esto significa es que cuando un oyente de radio escucha un anuncio varias veces, piensan en tu producto o servicio cuando lo necesitan. Por ejemplo: si tienes un centro médico de emergencias, quieres que la gente piense en tu nombre cuando se enferma o sufre un accidente.

La radio puede ser eficaz, pero al igual que la televisión, debes asegurarte de que la calidad del anuncio refleje adecuadamente tu empresa. Un enfoque "hágalo usted mismo" a menudo no es lo mejor para la comercialización, especialmente en el caso de la televisión y la radio.

Publicaciones Comerciales

Las publicaciones y revistas comerciales están dirigidas a un público muy específico. Por lo tanto, si deseas atraer a clientes de un campo específico, como material quirúrgico o software para una industria específica, las publicaciones y revistas comerciales son probablemente el camino a seguir.

Cuando diseñas la publicidad para este medio debes tener en cuenta que el público está probablemente tiene amplio conocimiento del campo y, por lo tanto, un enfoque amplio puede no funcionar. En cambio, debes pensar en tu anuncio como un medio de educación acerca de tu producto o servicio.

Revistas no comerciales

También llamada prensa popular, las revistas no comerciales atraen a un público más amplio, pero igual tienen un público objetivo que debes tener en cuenta. Por ejemplo, si eres un contratista de plomería, la publicidad en una revista de viajes no tiene sentido. En cambio, debes optar por la mejor revista teniendo en cuenta el público objetivo y ver la publicidad a través de los ojos de los lectores.

Internet

Correo Directo

Estadísticamente, una campaña de correo directo suele tener un retorno de entre el 2 y el 5%. Por lo tanto, cuando utilizas una campaña de correo directo, debes tener en cuenta el costo de la impresión y distribución en comparación con el potencial de ventas y margen de ganancias. Aunque el correo directo puede ser muy eficaz, el costo puede ser significativo.

Cara a cara con el consumidor

La forma más difícil de comercializar un producto o servicio es a través de las "llamadas no solicitadas". Las Llamadas no solicitadas se dan cuando un vendedor aborda a un cliente potencial sin el beneficio de una cita programada. Los resultados de este tipo de comercialización varían mucho según la industria.

Ferias / Convenciones

Al igual que con las publicaciones comerciales, una convención te permite comercializar tu producto o servicio directamente a grandes grupos de personas que tal vez ya estén interesados. El costo de ser vendedor en una convención puede ser desde gratis hasta muchos miles de dólares.

Cuando se hace comercialización en las ferias, se deben tener en cuanta los costos de viaje (hotel, pasajes aéreos, transporte, etc.), así como el costo de un stand profesional. Hay muchas empresas en Internet que se especializan en el alquiler y compra de exhibidores para la comercialización en ferias/convenciones.

Charlas

Las charlas son una gran manera de colocar a tu empresa como la autoridad o experta en la industria. Si eres un orador talentoso, puedes cobrar por hablar sobre un tema, mientras que al mismo tiempo comercializas tu empresa.

Hay muchas otras maneras en las que puedes promocionar tu producto y deberás llevar a cabo una investigación para asegurarte de que el dinero que inviertes en marketing se aprovecha al máximo.

4.4.1 Conocimiento en acción

Para este capítulo debes ir a la sección de marketing de tu plantilla de plan de negocios y escribir tus planes para la comercialización de tu empresa. Al igual que en las instancias anteriores, escribe algo para empezar y vuelve a lo que escribiste más tarde cuando tu plan tome mejor forma.

4.4.2 Investigación crítica

Mira y/o escucha 5 comerciales distintos en la televisión, la radio o la computadora.

Compara y contrasta esos comerciales e indica cuán efectivos fueron en su comercialización hacia ti.

¿Cuál fue tu impresión general de los comerciales? ¿Qué lecciones puedes aplicar de estos comerciales a tu propio plan?

4.4.3 Aplicación ética

Enron

Enron era una gran empresa estadounidense de energía que se vio atrapada en un escándalo que provocó la mayor reorganización por bancarrota en los Estados Unidos de la época. Para resumir brevemente, los ejecutivos de Enron estaban tratando de inflar los valores de las acciones con el fin de generar ganancias más altas para sus paquetes accionarios. Básicamente, los CEO y altos ejecutivos de las corporaciones por lo general podían obtener ganancias personales increíbles con la opción de compra de acciones. Sin embargo, estos costos no se presentaban en sus informes financieros, que, en efecto, hacían que sus informes financieros trimestrales y anuales para los inversores parecieran inflados.

Los ejecutivos de una corporación a menudo obtienen paquetes de beneficios cuando son contratados. Estos paquetes pueden incluir cientos, miles o incluso decenas de miles de acciones con opción de compra. Esto significa que cuando la acción sube unos dólares pueden ganar cientos de millones. Esto genera una gran presión sobre estos ejecutivos para que los valores de las acciones sean altos y se mantengan altos. Desafortunadamente, garantizar esto de forma legal y ética simplemente no es posible, ya que no hay una manera perfecta de garantizar que los valores de las acciones siempre suban. Por lo tanto, Enron debe crear, para sí misma, una mayor demanda y mayores ganancias.

Enron también era una pieza clave en la industria de la gestión de riesgos y utilizaba la legislación imprecisa para generar ingresos altísimos en las operaciones que gestionaba. En pocas palabras, presentaban informes de no sólo los costos personales por intermediación y las comisiones por transacciones por administrar los tratos de sus clientes, sino también los costos de la transacción completa en sí mismos. Por ejemplo, si la empresa A le vendía el producto X a la empresa B, Enron actuaba como gestor de riesgos y proporcionaba un medio para que la transacción se llevara a cabo. Cuando presentaba informes, incluían no sólo sus honorarios, sino también los de los productos comercializados. Esto se llama "modelo mercantil" y se considera poco ético debido a su carácter engañoso.

Surgirían problemas más grandes para Enron debido a la desregulación de la industria causada por los grupos de presión y los conflictos de interés políticos. Por otra parte, los cortes en el suministro de energía que causó por su cuenta en California crearían confusión y desorden en todo el estado ya que Enron desviaba la energía y simplemente la cortaba, alegando problemas de mantenimiento y suministro. Entonces subía los precios de la energía hasta el techo para aprovechar las situaciones que creaba.

Los intentos de los grupos de presión y el Congreso de desregular el negocio bajo la bandera de la creación de empleo fueron factores que apoyaron la "tormenta perfecta" de Enron. Por desgracia, estas prácticas oscuras resultaron matar la creación de empleo y promovieron la codicia y la acumulación de riqueza para unos pocos. Otros factores fueron las fallas sistemáticas de control y auditoría por parte de profesionales que habían jurado mantener los estándares. El boom de los años 90 quitó los estándares de prácticas comerciales del ojo atento de los reguladores estrictos y los colocó en manos de la propia industria que difícilmente era un auto-regulador confiable.

Evalúa los errores de la empresa de contabilidad Arthur Andersen y su participación directa. ¿Cómo crearon situaciones poco éticas y qué deberían haber hecho de otra manera? (esta información se puede encontrar en línea).

¿Los ejecutivos de Enron fueron los únicos culpables por llevar a cabo prácticas comerciales poco éticas que a menudo eran legales? ¿Cuánto énfasis se debería hacer en la responsabilidad social de las grandes corporaciones y cuánto énfasis se debería hacer en la regulación del gobierno?

Enumera tres situaciones no éticas dentro del escándalo Enron, y explica cómo podrían haberse evitado.[xiii]

4.4.4 Desarrollar habilidades de liderazgo

Una de las habilidades de liderazgo más difíciles es la capacidad de delegar. Un líder debe delegar con el fin de ampliar su ámbito de influencia. Sin embargo, también debe tener la capacidad de controlar y manejar a las personas a quienes delega de tal manera que se maximice el potencial de esa persona al mismo tiempo que se garantice que la tarea se ha completado a tiempo y con un nivel alto.

Para este ejercicio, elegirás a un miembro de la clase (o tal vez tu instructor te asignará uno) a quien le delegarás una tarea. Tu compañero de clase debe completar la tarea que le asignarás en no menos de 30 minutos ni más de 1 hora. La tarea debe incluir investigación o debe ser una tarea que no requiera el gasto de dinero por parte del estudiante y se pueda completar a través de la computadora y/o Internet.

Debes presentar un informe que contenga lo siguiente:

1. Dar una descripción de la tarea.
2. ¿A quién le asignaste la tarea?
3. ¿Cómo reaccionó el estudiante a la tarea?
4. Informar sobre cualquier seguimiento que realices con esta persona.
5. ¿Cómo mediste el éxito o el fracaso de la tarea?
6. ¿En qué aspecto de tu liderazgo podrías mejorar en base a esta tarea?

El estudiante a quien le delegaste la tarea presentará un informe con los siguientes datos al instructor:

1. ¿Qué tan bien se te explicó la tarea?
2. ¿Cuán razonable era la tarea? ¿Muy fácil? ¿Muy difícil?
3. ¿Te sentiste apoyado? ¿De qué forma?
4. ¿Te sentiste micro gestionado? Explicar.
5. ¿Qué comentarios generales tienes sobre la delegación y el liderazgo de la persona que te delegó la tarea?

Entregar la tarea a tu instructor como se haya indicado.

El escenario global

Ellge una de las empresas del capítulo 1 y muestra cómo la comercialización en su país de origen se diferencia de la comercialización en tu país. ¿Cómo y por qué es diferente?

5. Administración general y operaciones

Los objetivos de este capítulo son aprender sobre:

- Las distintas teorías de la administración
- Las actividades cotidianas de un gerente

Operar un negocio puede ser emocionante y divertido, pero también es una cuestión que hay que tomarse muy en serio para tener éxito.

Entonces, ¿qué es la gestión? Businessdictionary.com define muy bien los negocios y expande la definición de esta manera:

1. La organización y coordinación de las actividades de una empresa con el fin de alcanzar los objetivos definidos. La gestión se incluye a menudo como un factor de producción, junto con, máquinas, materiales y dinero. Según el gurú de la gestión Peter Drucker (1909-2005), la tarea básica de la gestión incluye tanto el marketing como la innovación. La práctica de la administración moderna tiene su origen en el estudio del siglo 16 sobre la baja eficiencia y fracasos de determinadas empresas, llevado a

cabo por el estadista Inglés Sir Thomas More (1478-1535). La gestión consiste en las funciones conectadas de crear políticas corporativas y organizar, planificar, controlar y dirigir los recursos de una organización con el fin de alcanzar los objetivos de dichas políticas.

2. Los directores y gerentes que tienen el poder y la responsabilidad de tomar decisiones y supervisar una empresa.

El tamaño de la gestión puede variar de una persona en una organización pequeña a cientos o miles de directivos en empresas multinacionales. En las organizaciones grandes, la Junta Directiva define la política que luego es llevada a cabo por el director ejecutivo o CEO (por sus siglas en inglés). Algunas personas están de acuerdo en que, a fin de evaluar el valor actual y futuro de una empresa, los factores más importantes son la calidad y experiencia de los directivos".[xiv]

Saber la definición es sin duda importante, pero ¿cómo te afecta esto como nuevo dueño de una empresa? En este capítulo, quiero que exploremos de qué se trata realmente "gestionar" una empresa. En otras palabras, ¿qué necesitarás saber para tu plan y luego qué harás a diario mientras gestionas tu empresa? Primero repasemos algo de teoría básica de la gestión.

5.1 Teoría de la administración

Teoría de la Contingencia

Como la palabra **contingencia** lo indica, esta teoría se basa en el principio de que los gerentes tomarán decisiones de acuerdo a la situación con la que están lidiando en ese momento. Este enfoque se utiliza comúnmente en culturas, como la de Estados Unidos, que tienen altos niveles de independencia. Este enfoque deja que los gerentes determinen el mejor enfoque para su grupo en particular y es a menudo apropiado para organizaciones pequeñas y algunas más grandes también.

Teoría de Sistemas

El enfoque de **Teoría de Sistemas** para la gestión es un estilo de gestión mucho más controlado y se utiliza a menudo en las organizaciones y culturas más autocráticas. Muchas organizaciones grandes usan este estilo de gestión, ya que permite la uniformidad a través de muchos departamentos y/o divisiones. Este enfoque puede ser utilizado en organizaciones más pequeñas, pero puede parecer severo para los empleados que están acostumbrados a un ambiente más informal o familiar.

Teoría del Caos

La **Teoría del Caos** reconoce que las organizaciones cambian constantemente a medida que crecen y se enfrentan a nuevas oportunidades y desafíos. Esta teoría funciona bien con otras teorías y enfoques, a medida la organización evoluciona.

Teoría X y Teoría Y

La **Teoría X y Teoría Y** asume que los trabajadores caen en una de dos categorías: o son naturalmente perezosos y carecen de ambición, o tienen motivación innata y asumirán responsabilidad.

En la Teoría X, a los trabajadores no se les incentiva a participar o tener responsabilidad en la gestión o liderazgo; en cambio, se les dan tareas estructuradas que son estrechamente supervisadas.

En la Teoría Y, se incentiva a los trabajadores a participar en las decisiones y son más autónomos en los horarios de trabajo, las cargas de trabajo, etc.

Teoría de la Gestión Científica

Desarrollada por Frederick Taylor a finales del siglo 20, la **Teoría de la Gestión Científica** proponía la medición de todas las tareas de la organización. Se estandarizaba todo lo que se podía y los trabajadores eran tratados como niños de escuela, ya que recibían recompensa o castigo por sus actividades. Esto se utilizaba normalmente (y en algunos casos aún se utiliza) en líneas de montaje u otras instalaciones de fabricación.

Teoría de la Gestión Burocrática

En los años 1930 y 1940, Max Weber expandió el enfoque científico, agregando jerarquías y líneas estrictas de autoridad y control. Hoy llamamos a esto la **Teoría de la Gestión Burocrática.** Weber proponía procedimientos de operación estándar en toda la organización.

Movimiento de Relaciones Humanas

La **Gestión de Relaciones Humanas** es el enfoque que más se utiliza hoy en día en los países industrializados. Este enfoque se basa en los individuos, sus necesidades y lo que pueden ofrecer a la empresa. Este enfoque también se basa en maximizar el potencial de cada uno y por lo tanto obtener una mayor rentabilidad a través de la retención y la satisfacción de los trabajadores.

La gestión y tu plan de negocios

La teoría puede ser importante a la hora de decidir la forma en la que, como propietario, deseas administrar tu empresa. Sin embargo, en tu plan de negocios deberás dar más detalles sobre la estructura de tu empresa y menos sobre tu teoría de la gestión. El financista promedio no se preocupa por la teoría, sino que quiere ver que tienes una estructura armada que será adecuada para satisfacer las necesidades de tu empresa.

Una forma de expresar mejor tu estructura es a través de un organigrama. La Ilustración 5.1 muestra cómo puedes diseñar tu organización. Ten en cuenta cómo fluirá la información a través de tu empresa a medida que crece, así como qué empleados se necesitarán y cómo serán supervisados.

Las dos funciones a tener en cuenta son:

1. **Función lineal**: La función o cargo que participa en la toma de decisiones diaria.

2. **Función de personal:** posiciones que no toman decisiones o de asesoramiento, tales como empleados contables (no a nivel de gestión), empleados de producción, etc.

Ilustración 5.1

En tu plan, debes mencionar tu organigrama y hablar sobre los empleados clave, estrategias de contratación, enfoque gerencial, etc. Puedes incluir biografías breves de los empleados clave, pero debes agregar sus curriculum vitae al final como archivos adjuntos.

5.2 Las actividades diarias de un gerente

Ahora que sabes un poco de teoría y lo que debes incluir en tu plan, vamos a echar un vistazo a lo que hace un gerente en el día a día. En este libro, por supuesto, asumimos que el gerente es el propietario.

Como propietario/gerente, tienes la facultad de dirigir tu empresa a grandes lugares. Estarás involucrado en todo, desde contratar y despedir personal, supervisar, establecer metas y otras múltiples actividades. En pocas palabras, eres responsable de casi toda la empresa. Eso no significa que tienes que hacer todo, pero en última instancia, eres responsable.

Echemos un vistazo a algunas tareas específicas de las cuales serás responsable como gerente.

Contrataciones

Uno de los roles más difíciles de un gerente es la gestión de recursos humanos. La contratación es una parte fundamental de la gestión de recursos humanos y en última instancia prepara el camino para el éxito o el fracaso de los empleados y la empresa.

En el libro *Good to Great*, Jim Collins utiliza una analogía en la que la empresa es un autobús. Hay muchos asientos en un autobús, pero cada uno tiene una función específica y está mejor diseñado para una persona con un conjunto específico de habilidades. La clave es conseguir la gente adecuada en tu autobús (en tu organización) y luego colocar a las personas en los asientos adecuados en tu autobús (la posición correcta).

Aunque hay muchas maneras de entrevistar empleados potenciales, así como métodos de prueba de personalidades o habilidades (como Myers Briggs MBIT® u otros), lo importante para ti como propietario de una pequeña empresa es verificar las referencias a fondo e invertir tiempo en desarrollar tus propias habilidades como entrevistador. Hay muchas maneras de entrevistar y un número ilimitado de preguntas que puedes hacer, pero cuanto más preparado estés como entrevistador, más tiempo ahorrarás en entrenamiento, reemplazos, etc. La internet tiene literalmente millones de sitios al los que puedes acceder para aprender a ser un gran entrevistador deberías aprovechar esta información antes de empezar el proceso de contratación.

Despidos

Los despidos son, sencillamente, una de las cosas más difíciles de hacer para un gerente. Es traumático para el empleado y estresante para todos los involucrados, incluyendo otros empleados. Es por eso que te debes enfocar en el proceso de contratación. Aunque lo más probable es que tengas que despedir a algún empleado, debes minimizar esta actividad mediante la inversión de tiempo por adelantado.

Es importante entender las implicaciones legales de despedir a un empleado. Cada jurisdicción tiene sus propias normas, como por ejemplo la documentación necesaria, cuándo se debe dar el último cheque de pago, etc. Debes consultar con tu abogado antes de contratar a tu primer empleado para asegurarte de que estás cumpliendo con todos los requisitos legales, tanto para la contratación y como para el potencial despido.

Objetivos organizacionales y departamentales

Un rol mucho menos estresante pero igualmente importante del gerente es fijar los objetivos organizacionales y departamentales. Para que los empleados marchen en la misma dirección, debes, como líder, determinar objetivos comprensibles y alcanzables para la organización, los departamentos y los empleados individuales.

Es importante involucrar a todos los gerentes cuando se establecen los objetivos de la organización. Si los gerentes están de acuerdo con los objetivos, se convierten en objetivos de todos y es más probable que se cumplan. Además, si los gerentes están involucrados en este proceso, te pueden ayudar a salir de ciertas áreas con problemas potenciales o controlar que no estés siendo demasiado agresivo. Sin embargo, también es importante guiar a los gerentes de una manera equilibrada que permita la retroalimentación, pero que no te impida alcanzar tus objetivos últimos.

Planificación

Una vez establecidos los objetivos puede comenzar el proceso de planificación. Básicamente, el proceso de planificación toma los objetivos establecidos y pone en marcha un plan de acción para lograr esos objetivos. La planificación es un proceso más exhaustivo y detallado que establecer objetivos y puede incluir detalles tales como las necesidades de recursos humanos, presupuestos, procesos y necesidades de equipo, sólo para nombrar unos cuantos.

Según la complejidad del plan, puede ser necesario un software para prever y realizar el seguimiento del proceso en el tiempo. Muchas industrias tienen programas específicos para ayudar en este proceso, pero hay muchos programas ya desarrollados y disponibles en el mercado.

Dirección

Invertirás gran parte de tu tiempo como gerente en dirigir a tus subordinados en las actividades diarias. Este tiempo puede ser mitigado mediante la delegación de algunas actividades a tus gerentes/supervisores, pero en última instancia tu serás el encargado de dirigir al personal, ya sea directa o indirectamente.

Algunos días un gerente puede sentirse como un bombero, apagando pequeños fuegos durante todo el día. Otros días pueden dedicarse a planificar o hablar con el personal para garantizar que la moral se mantiene alta; pero todos los días serán diferentes, lo cual requerirá agilidad y flexibilidad en tu agenda.

Control

Es importante recordar el viejo dicho "no se puede gestionar lo que no se puede medir". Es imposible determinar cómo estás cumpliendo un objetivo en particular si no tienes un plan. Por otra parte, si no puedes medir objetivamente el progreso de un plan, ¿cómo vas a determinar el éxito y el fracaso diariamente?

Reflexión y ajuste

Es importante que, como gerente, te tomes tiempo para reflexionar sobre tus decisiones y sobre cómo le está yendo a tu empresa. Es fácil quedar atrapado en el torbellino de actividades diarias, exhausto y sin un minuto para pensar.

Tómate tiempo, todos los días, para reflexionar sobre tu trabajo. Incluso si lo haces sólo durante un par de minutos, anota tus pensamientos, piensa cómo puedes mejorar, y haz una lista de las tareas que debes realizar antes de finalizar el día. Cuando llegas al trabajo por la mañana, puedes mirar la lista y planificar tu día en base a tus tareas y así estar mejor preparado para lo que se pueda presentar.

Otra forma en la que debes reflexionar es como grupo (todos los gerentes) o como organización. Permitir a los empleados que descarguen su frustración es una gran manera de estar al tanto de cómo va el funcionamiento de tu empresa.. También es una gran oportunidad para ti y para otros de ayudarse mutuamente en la resolución de problemas.

5.3 Resumen

La gestión de una empresa puede ser estimulante y divertido, pero también puede sentirse, a veces, como un ancla atada alrededor del cuello. Es importante que planifiques tu tiempo sabiamente y reflexiones sobre tus días laborales para mantener todo equilibrado y en la perspectiva correcta. A través del equilibrio puedes encontrar un lugar de satisfacción mientras gestionas tu empresa.

5.3.1 Conocimiento en acción

Para este capítulo, usted debe ir a la sección gestión general y operaciones y escribir por lo menos entre 2 y 3 páginas sobre la estructura de gestión, las calificaciones, y tus calificaciones personales. Si no tienes experiencia o capacitación en negocios, puedes hablar de tus experiencias de vida o incorporar el curriculum vitae del director ejecutivo que vas a contratar y que le dará fuerza a tu plan. Te reitero que puedes revisar esta sección en cualquier momento, así que intenta no estancarte en tus preocupaciones. En cambio, escribe algo para empezar y regresa a lo que escribiste más tarde cuando tu plan tome mejor forma.

5.3.2 Investigación crítica

Investiga el "concepto del erizo" que Jim Collins propone en su libro *Good to Great* y responde a estas preguntas:

1. ¿Estás de acuerdo o en desacuerdo con este concepto? Explicar.
2. ¿Tu plan puede reforzarse con este concepto? Explicar.

5.3.3 Aplicación ética

En los capítulos anteriores, hemos visto algunos de los casos de ética que se pueden dar en las empresas. En este capítulo y en los capítulos siguientes, tendrás la tarea de evaluar tu propia integridad, tu respuesta ética ante situaciones y la forma en la que puedes prepararte para las decisiones difíciles en el futuro.

En esta tarea contestarás la siguiente pregunta y reflexionarás sobre tu respuesta.

Si se te presenta la oportunidad de robar un banco grande, aparentemente anónimo, y estás seguro de que nunca serás descubierto por el banco, las autoridades policiales, o alguien cercano a ti, ¿lo harías? ¿Qué tal si la cantidad de dinero en el banco es de sólo $100? ¿Qué tal un millón? ¿Qué tal *mil millones?*

Ahora, contesta con sinceridad. ¿Tienes un precio? ¿Cómo te hace sentir eso? ¿Cómo crees que tus compañeros responderán? ¿Todo el mundo tiene un precio?

Comparte tus resultados con tu profesor, quien agrupará la información de la clase y facilitará una reflexión sobre los resultados.

5.3.4 Desarrollar habilidades de liderazgo

Uno de los rasgos más importantes de un buen líder es la capacidad de mantener una actitud positiva. Para este ejercicio, tu instructor asignará cuatro estudiantes para que te califiquen sobre las siguientes preguntas:

En una escala del 0 al 10, siendo cero muy en desacuerdo y 10 completamente de acuerdo, califica al estudiante al que has sido asignado.

1. Este estudiante es positivo en la mayoría de los aspectos de la vida.
2. Este estudiante es positivo y alentador en la forma en que interactúa con otros estudiantes.
3. Este estudiante se mantiene positivo bajo presión.

Esta clasificación no tiene relación con tu nota y es sólo para ser utilizada como una herramienta de la que puedes aprender a ser un líder más positivo.

Cuando recibas la información agrupada (no sabrás qué estudiantes te fueron asignados para esta tarea), debes leer, reflexionar y escribir sobre cómo puedes mejorar en esta área.

5.3.5 El escenario global

Dadas las diferencias culturales entre tu país y el país de origen de dos de las tres empresas multinacionales, nombra tres (para cada una de las dos) desafíos que se les puedan presentar a los gerentes. Explica cómo los gerentes pueden superar estos desafíos.

6. Contabilidad y finanzas

Los objetivos de este capítulo son aprender sobre:

- La importancia de la contabilidad
- El ciclo de la contabilidad
- Los estados financieros

Pensar en la contabilidad da miedo al empresario corriente. Los principios parecen tan extraños para una persona normal que el tema es comparado con la física nuclear o algún otro tema que nos resulta imposible de comprender. Sin embargo, la contabilidad es uno de los temas más importantes para un empresario. Si domina los conceptos básicos, el empresario tiene una herramienta poderosa para medir el éxito pasado y predecir, dentro de lo razonable, el futuro de la empresa. Por lo tanto, no le restes importancia a este capítulo, en cambio aprende estos fundamentos y prepárate para el éxito. Incluso si vas a contratar a un CPA (Contador Público Certificado) para que se encargue de la contabilidad, debes conocer estos principios básicos. Confía en mí en esto. Tómate el tiempo para aprender estos principios y te ahorrarás muchos dolores de cabeza más adelante.

Paso Uno

El principio de contabilidad más básico se llama la ecuación contable. Es muy simple: Activos = pasivos + patrimonio neto del propietario. Probablemente dices, "Bueno, ya estoy perdido". Bueno, no lo estas. Este es un concepto elemental que aprenderás muy rápidamente.

Analicemos tus finanzas personales. Tienes una casa, un coche, algunos muebles. También tal vez tengas algo de dinero, bonos, acciones, etc. Estos son todos los activos que posees. Ahora, echemos un vistazo a lo que debes. Tus préstamos, tarjetas de crédito, etc. son todos tus pasivos. Para calcular tu patrimonio (patrimonio neto), simplemente tomas los activos y le restas los pasivos y el resultado es tu patrimonio (capital).

Ilustración 6.1
Estado financiero personal

Activos

Efectivo	2.500
Casa	200.000
Automóvil	25.000
Muebles	22.500

Total activos:	250.000

Pasivos y patrimonio neto

Por favor, cambiar	175.000
Préstamo auto	20.000
Tarjetas de crédito	5.000
Total pasivos	200.000
Patrimonio neto	50.000
Total:	250.000

Activos (250.000) = Pasivos (200.000) + Patrimonio neto del propietario (cambiar)

250.000 = 200.000 + 50.000

Así que, ¿por qué la ecuación dice A = P + PN?. Bueno, es simplemente álgebra básica en la que se resta tanto en el lado izquierdo como en el lado derecho y obtienes A – P = PN. Bastante simple. Si ya ha pasado un tiempo desde la clase de álgebra, confía en mi en esto. El entendimiento vendrá después.

Quédate conmigo ahora. Este paso es en el que desearás abandonarlo todo. Sin embargo, una vez que comprendas este concepto, habrás avanzado el 75% del camino.

Paso dos

En la economía actual, casi todos tenemos una tarjeta de débito y una tarjeta de crédito. Probablemente nunca te has detenido a pensar por qué se les llama así (Nota: los débitos y créditos para nuestros propósitos son exactamente lo opuesto a la transacción bancaria). En esta sección aprenderás el principio básico de débitos (D) y créditos (C).

Así que, ¿qué significa el débito en contabilidad? Significa, simplemente, izquierda. Sí, eso es correcto. Ahora adivina qué significa el crédito. Exacto, significa derecha. Entonces, ¿cómo encaja esto con el primer paso? Para mostrarlo en los términos más simples, tenemos lo que se llama cuentas T. Estas cuentas T nos permiten ilustrar los principios de la contabilidad de una manera que tenga sentido. Por ejemplo: si tomamos las cifras de la ilustración 6.1 de tus finanzas personales, se vería así en las cuentas T.

Ilustración 6.2

Activos	=	Pasivos	+	Patrimonio Neto del propietario
Efectivo (2.500)		Hipoteca casa (175.000)		Patrimonio neto (50.000)
Casa (200.000)		Préstamo auto (175.000)		
Muebles (22.500)		Tarjeta de crédito (5.000)		
Automóvil (25.000)				

Como puedes ver, están los mismos montos a la izquierda, o columna de débito de la T, que a la derecha o columna de crédito de la T. Esto se conoce como el principio de congruencia. El principio de congruencia, simplemente dice que cada vez que se pone un número en el lado izquierdo (D) de una T, tiene que haber una cantidad igual correspondiente en el lado derecho (C). Para ilustrar cómo se registran cada uno de estos números en las cuentas T, tenemos el siguiente ejemplo:

Ejemplo 1.1

Jane abre una pizzería en enero. Pone $10.000 en la empresa de forma personal y pide un préstamo de $25.000 al banco a un interés del 10% anual.

- Jane deposita $20.000 de su propio dinero para comenzar la empresa. (a)
- Jane compra $5.000 en muebles a crédito. (b)
- Jane compra un horno a $10.000 en efectivo. (c)
- Jane compra mezcladores, etc., a crédito a un costo de $2.000. (d)
- Jane paga $1.000 del deposito del alquiler. (e)

Ilustración 6.3
Estado financiero personal

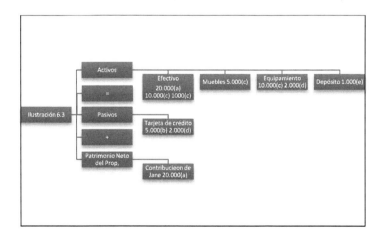

Ilustración 6.4

Estado financiero personal

Débito ($38.000) = Crédito ($38.000)

Los gastos detallados arriba son puntos del balance, ya que son parte del activo (como el mezclador o los muebles o incluso el depósito) o son un pasivo, como la compra de la mezcladora a crédito.

Una vez que la empresa comience a funcionar, sin embargo, agregaremos las ganancias y las pérdidas a la hoja de balance. Por lo tanto, echemos un vistazo más de cerca a la ecuación A = P + PN.

Ahora sabemos lo que son los activos y los pasivos e incluso sabemos qué es el patrimonio neto en su sentido más amplio. Sin embargo, hay una parte importante del patrimonio neto que necesita un poco de explicación antes de que podamos seguir.

Aunque el patrimonio neto es simplemente la diferencia entre los activos y los pasivos en el balance general, esto realmente no nos ayuda a determinar si estamos ganando o perdiendo dinero. Por lo tanto, tenemos el estado de pérdidas y ganancias. Este estado no es más que los ingresos y gastos durante un período de tiempo determinado que explicaremos más adelante. Por ahora, basta con saber que las cuentas en el estado de pérdidas y ganancias (tales como los ingresos y gastos), son parte de la sección de patrimonio neto de tu hoja de balance. Son simplemente débitos y créditos al igual que otras cuentas, pero son parte de la sección de patrimonio neto. Cuando los activos se dividen en cuentas como coches, muebles, dinero en efectivo, etc.; el patrimonio neto se divide en cuentas de patrimonio neto como ingresos y gastos en el tiempo.

Por ahora, basta con entender que los ingresos están a la derecha (crédito) y los gastos están a la izquierda (débitos) y corresponden a la sección de patrimonio neto.

Dada esta información, veamos cómo algunas cuentas T se ven afectadas por ciertas transacciones.

Inicio de Operaciones:

- Las ventas en efectivo para la primera semana son de $1.500. (a)
- Las ventas con Crédito para la segunda semana son de $2.000. (b)

- Los salarios pagados por primer semana al final de la segunda semana son: 2 personas, 30 horas cada una a $10 (no tener en cuenta los impuestos en esta etapa). (c)
- Jane paga la factura de electricidad de $500. (d)
- Jane paga $1.000 de alquiler del segundo mes . (e)

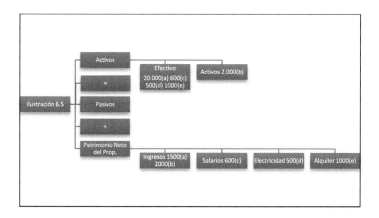

Entonces, ¿qué significan estos números? En pocas palabras, si observas el lado izquierdo de la ecuación A = P + PN, los débitos aumentan y los créditos disminuyen. Por el contrario, en el lado derecho de la ecuación, los débitos disminuyen y los créditos aumentan. Si tomas el ejemplo del efectivo, siempre que ingreses algo en el lado izquierdo de la T, estás aumentando tu total en efectivo. Cuando ingresas un número en el lado derecho de un pasivo, como un préstamo para un coche, estás aumentando el pasivo.

Para simplificar el registro de estas cantidades, echemos un vistazo a cómo se vería la compra de los equipos de la ilustración 2.2 con un pago inicial de $5000 y un préstamo por el resto. En lugar de utilizar cuentas T, la entrada del registro general en realidad sería como se muestra a continuación:

Artículo	Débito	Crédito
Equipamiento(c)	$10.000	
Efectivo		$10.000

Para la compra de equipamiento.

Artículo	Débito	Crédito
Equipamiento(d)	$2.000	
Efectivo		$2.000

Para la compra de un mezclador.

Para registrar la compra de un automóvil, el pago y préstamo correspondientes.

Paso tres

Quédate conmigo un poco más. Este es el momento de la verdad. La razón principal por la que tenemos todos estos débitos y créditos es para registrar transacciones para poder tener estados financieros. Estos estados serán el centro de tu toma de decisiones si quieres tener una empresa exitosa. No puedo enfatizar suficiente lo importante que son estas declaraciones. Cueste lo que cueste, debes comprender esos estados y lo que significan para ti y tu empresa.

Hay tres estados principales; pérdidas y ganancias (P y G), balance general y estado de flujo de caja. Para simplificar, sólo vamos a abordar los dos primeros, ya que son los más importantes para ti en esta etapa.

El estado de P y G muestra tus ingresos, gastos y el resultado de estos. Si tienes más ingresos que gastos, tienes ingresos netos. Si tienes más gastos que ingresos, tienes pérdidas netas. El P y G es tu tarjeta de puntuación para un período de tiempo, como un mes, trimestre, año, etc. Sin embargo, para llegar a estos estados, tenemos que escribir todos nuestros saldos en un "informe" llamado el balance de comprobación. El balance de comprobación para la pizzería de Jane a partir de finales del segundo mes de funcionamiento es el siguiente:

Ilustración 6.6
Estado financiero personal

Balance de comprobación

	Débito	Crédito
Efectivo	8.400	
Cuentas por cobrar	2.000	
Muebles	5.000	
Equipamiento	12.000	
Depósitos	1.000	
Tarjeta de crédito		7.000
Contribución de Jane		20.000
Ingresos		3.500
Salarios	600	
Alquiler	1.000	
electricidad	500	
Total =	30.500	30.500

Ahora, a partir de esto podemos tomar las cuentas de P y G (Ingresos y Gastos) y colocarlos en el estado de P y G. A continuación se muestra un ejemplo de un estado de P y G para los dos primeros dos meses de la pizzería de Jane.

Ilustración 6.7

Estado de pérdidas y ganancias de empresa ABC

Período del 1 al 31 de julio de 2014

Débito

Ventas	3.500	
		3.500

Crédito

Salarios	600	
Alquiler	500	
Servicios	1.000	
		2.100
Ganancias netas		1.400

El segundo estado es la hoja de balance. Este estado es la suma de todo lo que ha sucedido en tu empresa desde el primer día. Este estado muestra los saldos de tus cuentas en una fecha específica, como el final del año. A continuación se muestra un ejemplo de una hoja de balance del ejemplo 1.1 al final del segundo mes.

Ilustración 6.8
Hoja de balance de empresa ABC
Período que finaliza el 31 de julio de 2014

Activos:

Activos actuales:

Ventas	8.400	
Cuentas a cobrar	2.000	
		10.400

Total activos actuales:

Activos fijos:

Muebles	5.000	
Equipamiento	12.000	
		17.000

Total activos fijos:

Otros activos:

Depósitos   1.000

Total otros activos: **1.000**

Total activos: **28.400**

Pasivos:

Pasivos actuales:

Tarjeta de crédito   7.000

Total pasivos actuales: **7.000**

Pasivos a largo plazo   **0**

Total pasivos: **7.000**

Patrimonio neto:

Contribución del propietario   **20.000**

Ingresos netos   **1.400**

Patrimonio neto total: **21.400**

Total pasivos y patrimonio neto   **28.400**

Activos 28.400 = Pasivos (7.000) + Patrimonio neto

del propietario (21.400)

6.2 Cómo usar los estados financieros

Ya sea si generas los estados financieros en tu ordenador o los recibes de tu contador certificado, los mismos no son útiles si no sabes cómo leerlos. Me sorprende que muchas personas pagan para que les preparen los estados financieros de forma mensual, pero no tienen ni idea, más allá de lo que dice la línea de ingresos o pérdidas, de que información tienen para el dueño de la empresa.

Los estados financieros son tu cuadro de mando. Al igual que en un deporte, en cada período, o en los negocios el período de funcionamiento, la empresa ha funcionado a un cierto nivel. Esta información te indica cómo te fue, cuales fueron tus ingresos en contraste con tus gastos, así como la suma de estos períodos desde el inicio de tu empresa. La Tabla 6.7 muestra un estado de pérdidas y ganancias más detallado pero igualmente simple y su hoja de balance correspondiente para la empresa XYZ. Aunque los estados financieros de tu empresa tal vez utilicen nombres diferentes para los ingresos, gastos, activos, pasivos y patrimonio neto, la premisa sigue siendo la misma. Con esto en mente, echemos un vistazo a cada estado financiero.

Al leer la sección de principios de contabilidad ahora sabes que el estado de P y G es simplemente el marcador de tu empresa durante un determinado período de tiempo. Este muestra los ingresos y gastos que has tenido. Sin embargo, para realmente poder utilizar el estado de P y G, debemos desglosarlo un poco más. Esto te ayudará enormemente en el funcionamiento de tu empresa. (Ver la Ilustración 6.7)

El estado de P y G se divide en secciones: superior, media e inferior. La sección superior es la parte que refleja la producción de tu empresa. La sección central muestra la parte operativa y la parte inferior una mezcla de puntos extraordinarios que no se ven muy a menudo.

Veamos primero la sección superior. La sección superior incluye los retornos (ingresos), así como lo que se llama costo de productos vendidos (COGS, por sus siglas en inglés). El costo de productos vendidos simplemente es los materiales y mano de obra directos que se necesitan para producir una unidad del producto. Si produces botellas, el vidrio es parte del costo de productos vendidos y la mano de obra que forma esas botellas también. Utilizamos el costo de productos vendidos para llegar a una parte muy importante del estado de P y G, la ganancia bruta.

Si no tienes ganancias en este momento en tu estado de P y G, no estás cobrando lo suficiente por tu producto y estás en vías de tener que cerrar la empresa. Vamos a ahondar en este tema más adelante en la sección de precios de este capítulo.

La parte media del estado de P y G refleja los gastos de administración y comercialización de tu empresa. Estos incluyen los salarios de oficina, publicidad, teléfono, material de oficina, etc. A estos gastos a menudo se los llama gastos fijos, debido a que se mantienen independientemente de si produces un producto o no. También ahondaremos en este tema en la sección de precios de este capítulo.

La parte inferior del estado de P y G es por lo general sólo el monto resultante que queda cuando se toma el producto bruto y se le restan los gastos de administración. Sin embargo, cuando llegue el momento verás todas las partes de esta sección, como intereses, impuestos, pérdidas y ganancias por la venta de equipos, etc. La razón por la que estos se separan es para que tus ingresos y gastos de operación normales se reflejen sin que interfieran elementos no operativos. Esto es importante si estás buscando las tendencias de tu empresa o la estás comparando con otras empresas en tu campo.

6.4 La hoja de balance

Como se dijo anteriormente, la hoja de balance es simplemente los saldos acumulados de una empresa en un momento específico. Se parece mucho a la ecuación, A = P + PN. Una hoja de balance sencilla se aparece a la Ilustración 6.8.

Como puedes ver, los activos como tu cuenta corriente, coches, etc., están en la lista. Se dividen en activos actuales, que incluyen cuentas por cobrar, dinero en efectivo, etc., activos a largo plazo tales como automóviles, muebles, equipamiento, etc., y otros activos, que incluirían elementos como las patentes, etc. Los artículos de corto plazo son los activos que "gastarás" en los próximos 12 meses. los de largo plazo son aquellos activos útiles por más de 12 meses. Además, puedes ver que hay otros elementos, como las cuentas por cobrar, en las cuales nos adentramos más adelante en este capítulo, así como un ítem llamado depreciación acumulada. La depreciación acumulada es simplemente la forma en la que los contadores registran el gasto de un activo durante su vida útil estimada. Hay una variedad de maneras de registrar la depreciación, pero para nuestros propósitos, vamos a asumir una depreciación lineal. La depreciación lineal toma el costo total de un activo y lo divide por su vida útil. El IRS nos muestra su método que es el que vamos a usar en este libro como nuestra guía. Por lo tanto, si compras un auto por $30.000 y la vida útil según el IRS es de 5 años, tus gastos de depreciación son de $6,000 por año. El gasto se registra en la parte media del estado de P y G y la depreciación acumulada se registra l l l l l l l l l l l l l la depreciación del activo en la hoja de balance. Por ejemplo, si tomas el mismo auto y la misma depreciación, en el tercer año el estado de P y G reflejaría un gasto de $6.000 y la hoja de balance reflejaría $18.000 de depreciación acumulada. (3 años a $6.000).

Con excepción de la depreciación acumulada, la sección de activos es bastante sencilla, simplemente refleja el costo histórico (real) de tus activos.

La sección de pasivos de la hoja de balance se divide en dos secciones: pasivos a largo plazo y a corto plazo. En pocas palabras, los pasivos a corto plazo son pasivos que debes pagar dentro de los próximos 12 meses y los pasivos a largo plazo son los que tienes que pagar después de los 12 meses. Tu contador dividirá tus pasivos a largo plazo, de tal manera que reflejen una porción a corto plazo del pasivo, como el pago de un préstamo a largo plazo que debes pagar dentro de los próximos 12 meses.

La última sección es la sección de patrimonio neto. Esta refleja tu inversión inicial en el negocio, los ingresos o pérdidas del año, así como la acumulación de ingresos o pérdidas durante la totalidad del tiempo que la empresa ha estado funcionando. Habrá una subsección de la sección de patrimonio neto que reflejará no sólo tu inversión inicial sino también las inversiones posteriores, así como los retiros de dinero en efectivo de la empresa para el propietario que no se reflejan en la nómina.

En general, la hoja de balance es útil para mostrarte lo que posees, lo que debes y el éxito de tu empresa, desde que comenzó a funcionar. También es útil para compararla con otras empresas y como indicador de tendencias. Los bancos y otras instituciones financieras lo utilizan para calcular índices que les muestran las fortalezas y debilidades de la empresa. Puedes ver un análisis más profundo de este tema en el apéndice A, Análisis Básico de Estados Financieros.

6.5 Presupuestos

No puedo enfatizar lo suficiente la necesidad de elaborar presupuestos. En este capítulo me limitaré a referirme a algunos conceptos con respecto a la elaboración de presupuestos. Este tema se cubre con mayor profundidad en otro capítulo.

El viejo dicho "la gente que falla en planear, planea para fallar" no sólo se aplica a tu vida personal, sino también a tu empresa. Recuerdo que cuando abrí mi primer empresa todos los anunciantes querían venderme sus productos. Todos, desde las estaciones locales de televisión hasta las porristas de la escuela primaria local, tenían justo lo que necesitaba para hacer correr la voz acerca de mi empresa. Nunca se me ocurrió que al no haber elaborado un presupuesto, me gastaría todo de a poco e iría directo a la quiebra por el exceso de gasto en publicidad (y todo lo demás también). Si hubiese tenido un presupuesto para mirar, hubiese consultado mi plan de marketing y hubiese gastado mi dinero sabiamente.

Es imperativo que inviertas tiempo en tu presupuesto anticipadamente y conforme avanza el año. El problema para la mayoría de los empresarios es que no tienen idea por dónde empezar a elaborar el presupuesto ¿Cuánto se debe presupuestar para un artículo? ¿Cómo se puede saber por dónde comenzar? La respuesta es bastante simple. Tu biblioteca local seguramente tenga un libro de normas de la industria. Este libro tiene una gran riqueza de conocimientos para la elaboración de presupuestos. Tu servicio de asistencia te ayudará en la búsqueda de la industria de tu empresa. En este libro encontrarás una lista de todos los códigos SIC y con ella el estado de P y G así como las hojas de balance para tu industria. Puede ser que tu empresa sea pequeña y las del libro sean multinacionales, pero es un buen lugar para comenzar. Si miras todos los puntos de tus finanzas, también verás un porcentaje. Este porcentaje está relacionado con otro punto de tus finanzas. Por lo general, este punto se compara con los ingresos. Por lo tanto, si observas que la publicidad suele ser el 1,5% de las ventas de tu industria, entonces tienes un punto de partida para tu presupuesto de publicidad.

Otra manera, probablemente más exacta, de presupuestar es obtener información de una asociación perteneciente a tu línea de negocio. Casi todas las industrias tienen asociaciones de algún tipo y pueden ser un gran recurso para ti. Deberás pagar una tarifa de asociación, pero bien vale la pena el gasto. *Yo sugeriría, sin embargo, que pagues la membresía más básica para empezar, ya que no sabes si vas a necesitar los otros servicios*. Esta asociación debería tener estados financieros comparables para una empresa de tu tamaño. Utiliza esto como una guía para tu presupuesto. Ten en cuenta, sin embargo, que tu empresa no es exactamente igual que la empresa de cualquier otra persona y tendrás que tener eso en cuenta al presupuestar.

Después de haber presupuestado cada punto de los ingresos y los gastos, debes compararlo con tus estados reales todos los meses. Por lo tanto, si presupuestaste 2% para publicidad en base a $1.000.000 de volumen de ventas, tu presupuesto sería de $20.000 por año o $1.667 por mes. Asegúrate de ajustar tu presupuesto para que reflaja las ventas reales de cada mes. Si tus proyecciones de ventas son menores a lo previsto, debes hacer ajustes en el siguiente mes para asegurarte de mantenerte en camino. Por el contrario, si tienes ventas mayores a lo previsto, puedes aumentar tu presupuesto. Sin embargo, asegúrate siempre de realizar los ajustes de las fluctuaciones estacionales tanto de tus ingresos como de tus gastos. *Nota: Una buena manera de presupuestar tus contribuciones es donar un cierto monto a United Way o tu iglesia local para prestar ayuda al área. Esto te permite tener un lugar a donde enviar a las muchas personas que golpearán tu puerta pidiendo limosna.*

Recuerda... al fallar en la planificación estás planeando para fallar.

6.6 Contabilidad manual versus contabilidad computarizada

¿Cómo realizarás un seguimiento de todo este dinero que ganas como empresario exitoso? La gran decisión es si utilizarás un programa computarizado como QuickBooks o Peachtree (o un software diseñado específicamente para tu industria) o si utilizarás un sistema muy simplificado en papel. Esta no es una decisión para tomar a la ligera. Esto tendrá un gran impacto en tu productividad y en tu rentabilidad. Para simplificar la decisión, a continuación hay algunas preguntas que debes hacerte para tomar una decisión sabia e informada:

- ✓ ¿Tendrás Inventario? En caso afirmativo, ¿cuánto?
- ✓ ¿Tendrás empleados? En caso afirmativo, ¿cuántos?
- ✓ ¿Vas a producir o fabricar un producto o revender de un mayorista?
- ✓ ¿Tendrás cuentas por cobrar o por pagar importantes?

No hay respuestas breves para tu decisión. Sin embargo, a modo de guía puedo decir que si tienes empleados y estás produciendo o fabricando un producto o si tienes un inventario significativo o si tus cuentas por cobrar y cuentas por pagar van a ser de tamaño mediano o grande, debes buscar un sistema de contabilidad computarizado. Sin embargo, si tienes un negocio muy simple, como una pequeña consultora en la que los ingresos vienen de los contratos y los gastos son simplemente viajes, suministros para oficina y similares, no tienes necesidad de contar con un sistema computarizado.

Si decides tener un software de contabilidad, no necesitas uno diseñado específicamente para tu industria, cualquiera de los programas para pequeñas empresas será suficiente. QuickBooks le funciona bien a la mayoría de la gente y puedes obtener soporte local fácilmente. Peachtree, aunque es un poco más difícil, funciona bien para las operaciones de fabricación o de línea de producción. Sin embargo, elijas lo que elijas, una vez que llegues a un cierto volumen, deberás evaluar los programas más sofisticados. Sin embargo, sea cual sea el programa que decidas utilizar, es probable que tengas un lugar para ingresar tus presupuestos lo cual que puedas comparar fácilmente los montos presupuestados con los reales con sólo pulsar un botón.

Si la idea de un sistema computarizado te parece un poco abrumadora, puedes utilizar un sistema manual. El sistema más fácil que he encontrado se llama "One-Write Plus". Este sistema tiene cheques y a la derecha un libro de contabilidad en el que escribes tus gastos e ingresos. Si sabes hacer un cheque, puedes utilizar este sistema. Al final de cada período contable, sólo tienes que arrancar la hoja y entregársela a tu contador para que compile tus finanzas. Lo negativo de esto es que no tienes acceso a información detallada con sólo pulsar un botón. Además, si tienes cuentas importantes por cobrar o por pagar, un sistema manual es muy engorroso.

Sea lo que sea que elijas, debes hablar con tu contador para asegurarte que sabes lo que estás haciendo de antemano y no tienes que pasar horas y horas arreglando el desastre que hiciste. Invertir un poco de tiempo en esta decisión te ahorrará mucho tiempo más adelante.

Para ayudarte, al final de este capítulo hay un ejemplo de un sistema de contabilidad muy simplista. La tienda de suministros de oficina local o en línea tiene disponibles materiales pre impresos.

6.7 Nóminas e impuestos de los empleados

Independientemente de si utilizas un sistema de contabilidad computarizado o manual, debes tomar la decisión del procesamiento de la nómina. Tienes tres opciones principales: hacerlo internamente, tercerizar el procesamiento de la nómina o contratar un servicio que contrate tus empleados mientras los usas a diario. Debes considerar la primera opción sólo si realmente sabes lo que estás haciendo. Si fabricas o produces algo, lo más probable es que sea necesario que proceses tu propia nómina a través del sistema de contabilidad computarizado. Sin embargo, si decides con tu Contador Público Certificado que procesarlo internamente no es importante, entonces definitivamente debes contratar un servicio que lo haga por ti. La mayoría de las firmas de Contadores Públicos harán tu contabilidad por ti o puedes contratar un servicio como ADP que lo haga por ti. Recuerda, cuanto más compleja sea la nómina, hay más probabilidades de errores.

La tercera posibilidad es que una empresa de recursos humanos maneje todos tus empleados por ti. No hay respuestas fáciles sobre si este servicio es el adecuado para ti o no. Las ventajas son que puedes acceder a grandes beneficios para tus empleados que a los que de otra forma no podrías. Estos incluyen buenas tarifas de seguros médicos, planes para empleados para ahorrar impuestos, etc., Te sugiero que consultes a tu contador sobre esta decisión, ya que es la persona más adecuada para ayudarte.

Si decides procesar tu propia nómina, hay algunas cosas que debes saber de antemano. Estarás reteniendo impuestos y deberás incurrir en gastos de nómina de tus empleados en cada período de pago. Si utilizas un sistema de nómina computarizado, cada uno de éstos se detallará en tus pasivos. Sin embargo, tener los pasivos y no pagarlos puede generar problemas que pueden ser catastróficos para tu empresa y para ti personalmente.

6.8 Cuestiones federales

A nivel federal tienes tres asuntos. El primero es las retenciones federales del sueldo de tus empleados. Esto se determina de forma automática en tu sistema de nómina computarizado. El segundo es el Seguro Social. El tercero es Medicare. Estos últimos dos en total son el 15,3% del sueldo de los empleados. El seguro social retiene el 6,2% de tu empleado y como empleador lo equiparas con ese mismo 6.2%. Medicare es similar, pero tu y tu empleado sólo pagan el 1,45% cada uno. Estos elementos se denominan colectivamente impuestos 941 ya que este es el formulario trimestral que debes completar para registrar estos impuestos. De acuerdo al monto total de tu nómina, se te exigirá que envíes estos depósitos 941 al IRS en pagos semanales, quincenales o mensuales. Esto será determinado por el IRS.

Recuerda, eres personalmente responsable de retener los impuestos de tus empleados. Si no realizas los depósitos correspondientes a tus empleados, puedes resultar personalmente responsable del pago de los mismos, incluso si la empresa fracasa. Así que, sin importar qué pase, no utilices el dinero de los impuestos de la nómina para otra cosa que no sea los depósitos. Te sugiero que abras una cuenta para depositar estas retenciones y evitar que las gastes en tiempos difíciles. Recuerda, el IRS no da préstamos. Este dinero no te pertenece.

6.9 Estatales y locales

Los asuntos del Estado son un poco menos intimidantes, pero a menudo más engorrosos. Si te encuentras en un estado que tiene un impuesto estatal sobre la renta, debes retener para esto también. Estas cantidades son determinadas por la autoridad fiscal del Estado y por lo general el sistema computarizado las calcula automáticamente.

Además de las retenciones, las cuales paga únicamente el empleado, también puedes tener un impuesto de desempleo y la compensación para los trabajadores. Estos generalmente se pagan trimestral o semestralmente, dependiendo de tu estado. Tu CPA te ayudará con estos temas, incluyendo el proceso de solicitud.

También puede ser que tengas impuestos locales como un impuesto sobre la renta local o impuestos escolares. Consulta a tu CPA para obtener ayuda con estos temas.

6.9.1 Conocimiento en acción.

Para esta tarea, utilizarás el Apéndice A y/o el Libro de Microsoft Excel titulado *Libro de Trabajo Pro-Forma.*

Con las habilidades que has desarrollado en los capítulos anteriores, ahora estás listo para comenzar a trabajar en las hojas de cálculo financieras provistas en este libro. Las siguientes instrucciones asumen que tienes un conocimiento básico sobre cómo trabajar en Microsoft Excel y tienes acceso al archivo *Libro de Trabajo Pro-Forma.* No necesitas más que un conocimiento básico de Microsoft Excel para completar esta y las siguientes tareas financieras.

Paso 1: Abrir el libro de trabajo y permitir la edición (si es necesario).

Paso 2: Colocar el nombre de tu empresa en la celda correspondiente. Puedes cambiar esto más adelante, según sea necesario.

Paso 3: En base a los capítulos de marketing, debes tener una idea bastante buena de lo que venderás y cual será el precio. No te estreses demasiado por esto, ya que todos los datos que introduzcas aquí pueden ser revisados más adelante.

Paso 4: Ingresa el costo directo y la mano de obra directa en las siguientes celdas. Esto a menudo se llama costos variables, ya que varía de acuerdo a cada unidad producida. Es decir, cuando produces una unidad la mano de obra cuesta "x" y el material cuesta "y". A medida que avances en el desarrollo de tu plan tendrás una mejor idea de los costos directos y la mano de obra directa reales. Este número es importante, ya que ayuda a determinar la viabilidad de tu negocio.

Paso 5: ¿Cuánto inventario tendrás disponible en todo momento? Esto es un promedio en un período de 12 meses. Puede fluctuar, pero necesitas hacer tu mejor estimación en este momento. Probablemente tengas al menos un par de semanas de mercancía disponible, pero muchas empresas grandes tienen lo que se llama Inventario Justo a Tiempo, lo que significa que producen lo que ellos estiman que venderán sólo cuando lo necesitan. Para las empresas más pequeñas, sin embargo, esto es más difícil, ya que debes asegurarte que tienes suficiente disponible para vender, pero no tanto como para que se ponga viejo en los estantes.

Paso 6: Ahora veamos los costos fijos. Estos son los costos que tendrás independientemente de la cantidad de productos que vendas. Estos costos pueden incluir los sueldos de los gerentes, alquileres, seguros, etc. (estos costos pueden aumentar una vez que se alcanzan determinados volúmenes de ventas y puedes ajustarlos en base anual para este libro de trabajo).

Paso 7: Los costos semi variables son los costos que no están directamente relacionados con la producción del producto, pero aumentan o disminuyen en función de las cantidades producidas. Un ejemplo de esto podría ser los servicios públicos de las oficinas administrativas. Aunque hay una tarifa base para los servicios públicos, mientras más personas trabajen en las computadoras, etc. se necesitará más electricidad.

Paso 8: ¿Cuánto dinero deseas ganar (siendo realista) por cada año de funcionamiento de la empresa? No incluyas dinero ya incluido en la sección de salarios.

Paso 9: ¿Cuál será tu tasa impositiva global? Esta incluye los impuestos locales, estatales y federales (o lo que tu país considere impuesto sobre la renta empresarial). No incluyas impuestos sobre las ventas o los impuestos sobre la nómina.

Paso 10: El financiamiento es una parte muy importante de tu negocio. Si pides prestado demasiado, posiblemente hagas un mal uso de los fondos y pagues demasiados por los cargos de financiamiento. Si pides prestado muy poco tal vez no puedas lograr que la empresa funcione o tal vez sí pero bajo una presión tal que el crecimiento es imposible.

Algunos factores importantes a considerar en la financiación son:

1. ¿Qué equipo, vehículos, terrenos, edificios, etc. necesito para operar el negocio y cuándo los necesitaré?

2. ¿Cuánto tiempo me lleva recibir el pago por lo que vendo?

3. ¿Qué tan rápido debo pagar por los materiales directos y mano de obra para hacer mi producto?

4. ¿Cuánto tengo que pedir prestado y por cuánto tiempo? Tendrás que equiparar el dinero que pides prestado con las cosas para las cuales lo vas a utilizar. Si necesitas efectivo a corto plazo, tendrás que pedir prestado a corto plazo. Sin embargo, para equipamiento y otros activos a largo plazo es mejor que pidas prestado por un período de tiempo más largo, el cual probablemente coincida con el número de años que vas a utilizar ese activo.

Paso 11: ¿Cuánto dinero y activos (cosas como coches, equipos, computadoras, etc.) puedes poner en el negocio? Los prestamistas querrán ver que contribuiste con algo a la empresa.

Paso 12: Si tienes algo de amortización, debes ingresarla en las celdas en las declaraciones reales. Es poco probable que tengas amortización, así que no te preocupes si lo dejas en blanco.

Paso 13: Ahora ve a las otras hojas de trabajo y observa los resultados generados a partir de la información que has proporcionado. Es posible que tengas que hacer ajustes a los datos en la hoja inicial. Debes revisar el saldo en efectivo en la hoja de balance para asegurarte de que es positivo y es suficiente para tus operaciones. Si es negativo, tendrás que aumentar el capital a corto plazo que estás pidiendo prestado o poner más dinero propio. No es inusual que tus necesidades de efectivo aumenten a medida que crece la empresa. Los prestamistas entenderán tu necesidad y apreciarán tu consideración sobre este asunto.

Paso 14: Ahora puedes usar la información proporcionada para revisar tus objetivos y para insertarla en tu plan de negocio.

6.9.2 Aplicación ética

El colapso financiero de 2008 tuvo muchas causas. Una de las principales fue la forma en la que las instituciones financieras miden el riesgo. Una de las razones por las que se bajaron los estándares para los préstamos fue mejorar temporalmente los estados financieros y por lo tanto aumentar las primas de los ejecutivos.

Elige dos instituciones financieras con base en Estados Unidos o Europa y responde lo siguiente:

1. ¿Qué normas se cambiaron entre la década de 1980 y principios de 2000?
2. ¿De qué forma los cambios en los estándares mejoran temporalmente los estados financieros de las empresas?
3. ¿Cómo puedes, como propietario de una empresa, rendir cuentas ante un tercero y evitar engaños que en última instancia podrían dañar tu empresa?

6.9.3 Desarrollar habilidades de liderazgo

Liderar una organización puede ser desafiante y a la vez gratificante. Sin embargo, el liderazgo exige tomar el mando en áreas en las que tal vez te sientas menos cómodo. A menudo, contabilidad y finanzas es una de estas áreas.

¿Cómo dirigIrás tu departamento de contabilidad y finanzas? Si esta zona es una zona débil, ¿cómo desarrollarás las habilidades para supervisar, medir y dirigir este departamento?

6.9.4 El escenario global

Aunque las empresas resumen todas sus ganancias o pérdidas en una serie de estados financieros, también los desglosan para cada territorio, país u otra división.

Para este ejercicio, revisa los informes consolidados para cada una de las empresas seleccionadas en el capítulo 1 y luego revisa las ganancias o pérdidas para las operaciones en tu país. Explora y toma nota de tus hallazgos.

7. Presupuestos y Análisis del Punto de Equilibrio

Los objetivos de este capítulo son aprender sobre:

- La importancia de los presupuestos
- El proceso de elaboración de presupuestos
- Qué es el análisis de punto de equilibrio
- Cómo calcular y utilizar el punto de equilibrio

De todas las funciones de una persona de negocios, la elaboración de presupuestos es probablemente la que recibe la menor atención, pero puede generar el mayor beneficio.

Elaborar presupuestos en los negocios es similar a elaborar presupuestos en tu vida personal, pero tiene la dinámica agregada de los flujos, fondos y gastos siempre cambiantes. Sin embargo, no tiene por qué ser difícil. De hecho, si dedicas un poco de tiempo a la construcción de un modelo de presupuesto (como se verá en este capítulo), puedes crear buenos presupuestos con una inversión de tiempo mínima.

7.1 El proceso de elaboración de presupuestos

En contabilidad, hay un concepto llamado **Análisis Costo-Beneficio**. Es un nombre intimidante que simplemente quiere decir esto: cuando tus ventas suben o bajan, algunos de tus gastos cambiarán. Si tienes en cuenta cosas como la electricidad, la nómina, los costos, etc., tiene sentido que si vendes más de algo los costos aumenten. ¿Cierto? Bueno, este concepto va un poco más allá, pero no es tan complicado.

7.2 Análisis de costo-volumen-beneficio

"El análisis de costo-volumen-beneficio es una forma de predecir los efectos de los cambios en los costos y los niveles de ventas en los ingresos de una empresa" (Larson).

7.2.1 Tipos de costos

Costos Fijos

Los costos fijos son aquellos costos que siempre son los mismos independientemente del volumen de ventas (ver costos semi-variables y costos escalonados para las excepciones). El alquiler es un buen ejemplo de un costo fijo ya que el alquiler sigue siendo el mismo si las ventas son altas o bajas.

Costos Variables

Los costos variables son aquellos costos que se asocian al volumen de ventas. Un ejemplo de un costo variable sería las piezas necesarias para fabricar un producto específico, como chips de computadora en una computadora o azúcar en una botella de refresco. Cuantos más productos se fabrican, más de estos costos tendrás.

Costos semi variables y costos escalonados

Algunos costos no entran en las categorías de costo fijo o variable, ya que son una mezcla de los dos. Un buen ejemplo de esto es los servicios públicos. Por lo general se paga un monto mínimo por el servicio, más una cantidad variable de acuerdo a los kilovatios utilizados. Esto hace que sea un costo semi variable.

Anteriormente clasificamos el alquiler como un costo fijo. Sin embargo, ¿que sucede cuando produces el número máximo de elementos que caben en el espacio que estás alquilando? Naturalmente, alquilarías más espacio y aumentaría tu alquiler. Esto se conoce como costos "escalonados". Los costos escalonados se dan cuando tienes un costo que es fijo para un rango de ventas, pero sube en ciertos niveles, como en el ejemplo del alquiler.

7.3 Punto de equilibrio

Muy a menudo, los nuevos propietarios de empresas leen el "cómo hacer" y pasan de largo cosas como el análisis del punto de equilibrio. Al igual que con el análisis de costo-volumen-beneficio, el nombre es más intimidante que hacer el análisis.

Ilustración 7.1

La empresa ABC tiene lo siguiente

Ventas: $18 por artículo

Costos fijos:

Alquiler	$4.500
Salarios de gerencia	$7.500
Total costos fijos	$12.000

Variable:

Para cada producto que tiene ABC:

En partes	$3,60
En mano de obra	$2,40
Total costos variables	$6,00

Para calcular el punto de equilibrio, simplemente utilizamos la siguiente fórmula

$$\frac{\text{Costo fijo}}{\text{Precio de venta - Costo variable}} = \text{Punto de equilibrio en unidades}$$

El punto de equilibrio, en términos más simples, es la cantidad de unidades que una empresa debe vender (en unidades o dólares) con el fin de alcanzar el equilibrio y cubrir todos los gastos fijos y variables. Es importante que conozcas tu punto de equilibrio ya que te da estimaciones realistas de la cantidad de ventas que necesitas para empezar a generar ganancias. De hecho, un análisis de punto de equilibrio es una manera de saber si debes seguir adelante con un proyecto.

Debido a que ya sabemos que hay diferentes tipos de costos, calcular el punto de equilibrio es simplemente poner números en una ecuación algebraica básica.

Ilustración 7.2

Por lo tanto, si tomamos la información del ejemplo tenemos:

$$\frac{\$12,00}{\$18,00 \text{ (precio de venta) - } 6,00 \text{ (costo variable)}} = 1000 \text{ unidades}$$

Para obtener el punto de equilibrio en dólares podemos tomar las unidades (1000) y multiplicarlas por el precio de venta - costo variable ($12) para obtener $12.000

Otra forma de obtener el punto de equilibrio en dólares es utilizar lo que se llama ganancia bruta o porcentaje de ganancia bruta. Echa un vistazo a las siguientes fórmulas:

Ilustración 7.3

Precio de venta (PV)

Costo Variable (CV)

Ganancia Neta (GN)

$$\frac{\text{Ganancia Neta}}{\text{Precio de venta}} = \text{porcentaje de ganancia neta también llamado margen neto o margen de contribución (MC)}$$

Ejemplo:

Dada la misma estructura de costos del ejemplo anterior, el punto de equilibrio en dólares se calcula de la siguiente manera:

Ilustración 7.4

$18,00	
-$6,00	
$12,00	
$12/$18 =0,6667 o 66,67%	
Entonces:	
$12.000 (Costo fijo)	
0.6667 (margen de contribución)	=$18,00 (redondeado)
Revisión:	
$18.000/$18 (precio de venta= 1000 unidades	

Como se puede ver, todos estos números coinciden, independientemente de cómo te enfoques en ellos.

7.4 Utilizar el análisis de punto de equilibrio

Hay muchos usos para el análisis de punto de equilibrio, además de la necesidad inicial de saber cuál debe ser tu volumen de ventas. Uno de los usos principales para una empresa pequeña es estimar el volumen de ventas que se necesitan para generar una ganancia específica. Esto es importante por dos razones principales. La primera razón es que estás en esto para generar una ganancia, no un punto de equilibrio. Puedes quedarte en casa y tener un punto de equilibrio, entonces ¿para qué trabajar y tomar riesgos sólo para seguir igual económicamente? La segunda razón es saber cuánta flexibilidad puedes tener en la reducción o el aumento del precio de venta o conocer el efecto de los cambios en el costo de materiales o mano de obra. Veamos un ejemplo.

Teniendo en cuenta los mismos números del ejemplo anterior, supongamos que deseas ganar $24.000 para el período de ventas dado. Para determinar cuál debe ser tu volumen de ventas para ganar esa cantidad (sin tener en cuenta los impuestos, ya que va más allá del alcance de este libro), sólo tienes que agregar los $24.000 al costo fijo y utilizar las fórmulas como de costumbre:

Ilustración 7.5

$12.000 (costo fijo) + $24.000 (objetivo de ganancias)	=$53.997
0,6667 (costo de fabricación %)	

Esto significa que para ganar el objetivo de $24.000 debes vender un total de $53.997 en mercadería o aproximadamente 3.000 unidades

Otra forma de saber esto es la siguiente fórmula:

Ventas	$53.997 ($53.997/$18 = 3000 unidades)
Costo variable	$18.000 (3000 unidades*6,00 costo variable=$18.000)
Margen de contribución	$53.997
Costo Fijo	$12.000
Neto	$23.997 (24.000 redondeado, lo cual es tu ganancia objetivo)

Recuerda, este es sólo un problema de álgebra simple, por lo que puedes jugar con los números suponiendo que conoces todas las variables excepto una. Puedes saber el

costo fijo y el volumen de ventas, por ejemplo, y calcular el margen necesario. Simplemente transforme el margen en la variable X y resuelva para la variable X.

Esta fórmula se puede utilizar para tomar muchas decisiones. Si deseas dar a tus empleados un aumento salarial del 5%, pero quieres mantener tus ganancias iguales, puedes calcular cuánto debes incrementar el precio para lograr tus metas. Simplemente multiplica la parte horaria del costo variable 1,05, y mantén las unidades y el costo fijo constante. Luego puedes calcular el precio de venta nuevo.

Aunque es intimidante, el análisis de punto de equilibrio es una herramienta muy útil para los propietarios de pequeñas y grandes empresas. Dominar las fórmulas requiere una pequeña inversión, pero puede resultar en grandes dividendos con el tiempo.

7.5 El Presupuesto Flexible

Otra herramienta muy útil para el dueño de una empresa es el presupuesto flexible. El presupuesto flexible está diseñado para permitirte presupuestar a través de varios niveles de ventas. Aunque el costo fijo puede cambiar, el presupuesto flexible supone que tu volumen de ventas se encuentra dentro de un rango por medio del cual los gastos fijos se mantienen en un nivel fijo y los costos variables varían como un porcentaje de las ventas.

Este tipo de presupuesto es muy útil en la proyección de gastos para los próximos períodos para poder prepararte mejor. Te da un pantallazo rápido y es fácil de cambiar a medida que el entorno empresarial cotidiano cambia.

El presupuesto flexible tiene algunas limitaciones sin embargo. No te da una buena idea de las necesidades de efectivo ni te da un buen estado de ingresos devengados para evaluar la rentabilidad. A pesar de esto, es una buena herramienta para tener a mano.

Para ver el presupuesto flexible en acción de una mejor manera, echa un vistazo al libro pro-forma en el apéndice A. Aunque este libro va más allá y hace ajustes para darte una hoja de balance y las pérdidas y ganancias en base a la acumulación, la primera parte del estado de ingresos es muy similar a un presupuesto flexible.

La Ilustración 7.6 muestra un presupuesto flexible a dos niveles de ventas. Observa que los porcentajes correspondientes a los gastos variables son los mismos incluso cuando se dan cambios en el volumen de ventas. Además, ten en cuenta que a pesar de que el costo variable se mantuvo igual como porcentaje, aumentó como numero bruto. Como se mantuvieron en el mismo porcentaje, sin embargo, se pudo mantener una mayor parte de los ingresos por ventas en la empresa como ganancia neta.

Ilustración 7.6

Presupuesto Flexible de la Empresa ABC

		% de Ventas		% de Ventas	
Ventas	$100.000,00		$200.000,00		
Costo de bienes vendidos	$65.000,00	65%	$130.000,00	65%	
Ganancia Neta	**$35.000,00**	**35%**	**$70.000,00**	**35%**	
Costo Fijo:					
Alquiler	**$5.000,00**		**$5.000,00**		
Salarios gerencia	$8.500,00		$8.500,00		
No Costo de bienes vendidos Costos Variables:					
Salarios	$15.000,00	15%	$30.000,00	15%	
Insumos de oficina	$3.000,00	3%	$6.000,00	3%	
Varios	$1.000,00	1%	$2.000,00	1%	
Gastos Totales (No Costo de bienes vendidos)	$32.500,00	19%	$51.500,00		
Ingreso/Pérdida Neto	**$2.500,00**	**3%**	**$18.500,00**	**9%**	

A pesar de que no hay una manera perfecta de proyectar los ingresos y los gastos, una gran parte de la gestión es aprender a tener en cuenta las muchas variables que se presentan y hacer una buena suposición. A medida que adquieras más experiencia, esto te resultará más fácil e intuitivo.

Independientemente de tu experiencia, sin embargo, hay ciertos aspectos de tu empresa para los que tal vez no seas apto. Incluso con muchos años de experiencia en gestión, me doy cuenta que la gestión de flujos de caja simplemente no es mi fuerte. Obviamente sigo aprendiendo y trato de hacerlo mejor, porque es una debilidad, muchas veces contrato a personas que tienen esta habilidad para aumentar mis habilidades. Hacer eso es simplemente una buena gestión.

7.5.1 Conocimiento en acción

Abrir la pestaña Análisis del Punto de Equilibrio en el Libro de Microsoft Excel del capítulo anterior (Libro de Trabajo Pro-Forma).

Esta hoja se rellenará a partir de la información que ya has proporcionado en la hoja de datos inicial, dándote el punto de equilibrio de tu empresa. Es importante señalar que este análisis utiliza una mezcla de ventas determinada por los datos de la hoja de datos inicial y tendrá que ser ajustada si cambia la mezcla de productos.

A partir de esta información, responde las siguientes preguntas:

1. ¿Cuál es mi punto de equilibrio en dólares (u otra moneda de tu elección)?
2. ¿Cuál es el punto de equilibrio en dólares a mi nivel de ganancia deseado?
3. ¿Estos números son realistas? Si no, ¿qué puedo hacer para cambiarlos?
4. ¿Cuánto tiempo tardaré en llegar a mi punto de equilibrio a los niveles proyectados?

7.5.2 Investigación Crítica

El objetivo principal de una empresa es la rentabilidad. Sin embargo, hay muchas razones secundarias para ser propietario de una empresa, las cuales pueden ser donaciones caritativas o alguna otra actividad altruista. Para esta tarea, teniendo en cuenta tu presupuesto y ganancias potenciales, ¿cuál es tu responsabilidad para con el "bien común"? ¿Tienes una? Reflexiona sobre tu respuesta y cómo puedes o no incorporar estas actividades en tu presupuesto y plan.

7.5.3 Aplicación Ética

Algunas industrias, como el gas natural u otros combustibles fósiles son criticadas por los daños que pueden presentar para el medio ambiente. Considera la industria de los combustibles fósiles o, posiblemente, tu propia industria. ¿Qué impacto, ya sea positivo o negativo, tiene sobre la sociedad, el medio ambiente, etc.? ¿Los positivos superan a los negativos? Explora.

7.5.4 Desarrollar Habilidades de Liderazgo

Jack Welch fue director ejecutivo de General Electric durante 20 años y escribió varios libros sobre cómo dirigir personas. Aunque es poco probable que tu empresa sea del tamaño de GE, hay muchas lecciones de liderazgo para aprender del Sr. Welch.

Investiga los desafíos que el Sr. Welch enfrentó en GE y cómo fue capaz de conducir una empresa tan grande y cambiar su cultura. ¿Qué lecciones puedes aprender de él? ¿Qué rasgos de liderazgo vas a tratar de fomentar en tus empleados y en ti mismo para poder maximizar el potencial de tu empresa?

7.5.5 El Escenario Global

Elaborar presupuestos es una tarea difícil para una empresa de cualquier tamaño. Para una empresa multinacional, elaborar presupuestos se hace extremadamente complejo.

Encuentra presupuestos publicados de una empresa multinacional. Investiga su proceso de elaboración de presupuestos. ¿Qué destacas en cuanto a cómo manejan el proceso?

8. Análisis de Estados Financieros

Los objetivos de este capítulo son aprender sobre:

- La importancia del análisis de estados financieros
- Los distintos cálculos y qué le dicen al dueño de la empresa

El concepto de análisis de estados financieros puede parecer un poco intimidante para aquellos que apenas entienden el proceso de contabilidad. Aunque los conceptos son un poco sofisticados, un buen empresario puede utilizar el análisis para gestionar una empresa a largo plazo. Además, los bancos utilizan el análisis de estados financieros para determinar si van a prestarte dinero. Necesitas por lo menos entender algunas de los índices básicos aunque sólo sea para poder hablar con autoridad con los bancos y/o inversores.

En la plantilla Pro-forma que se encuentra en www.practicalbusinesplanning.com y que hemos utilizado a lo largo de este texto, la pestaña de Análisis de Estados Financieros toma la información proporcionada en la hoja de datos inicial que completa el resto del libro de trabajo.

Aunque hay muchas otras herramientas de análisis, estos índices son los más comúnmente utilizados y los que tu banco casi definitivamente utilizará al evaluar tu empresa para un préstamo.

8.1 Índices de liquidez

El índice de liquidez indica la capacidad de una empresa de convertir activos a corto plazo en efectivo. Es vital para una operación ser lo suficientemente "líquida" como para mantenerse viable. Estos índices dan indicios de la capacidad de la empresa para permanecer en funcionamiento.

Índices de Liquidez	
Índice corriente	Activos corrientes/pasivos corrientes
Índice de liquidez	Activos corrientes-Inventario/pasivos corrientes
Índices de	

endeudamiento:	
Índice de deuda	Pasivos totales/Activos totales
Índices de Rentabilidad:	
Retorno sobre Activos	Ingresos Netos (antes de impuestos)/Total Activos
Retorno sobre el Patrimonio	Ingresos Netos/ Patrimonio Ordinario Total
Margen de ganancia neta	BAII/Ventas
Índice de Rotación	
Rotación de activos	Ventas/Activos Totales
Rotación de Inventario	Ventas/Inventario

Ilustración 8.1

Empresa XYZ Estado de pérdidas y ganancias Para el período entre el 1 de enero y 31 de dic de 20xx	
Ingresos/gastos ordinarios	
Ingresos	$125.000
Ingresos totales	$125.000
Costo de bienes vendidos:	

Mano de obra directa	$18.750
Materiales directos	$56.250
Costo de bienes vendidos total	$75.000
Ganancia neta	$50.000
Gastos:	
Sueldos y jornales	$30.000
Alquiler	$12.000
Servicios	$3.000
Otros	$1.000
Gastos totales	$46.000
Ganancia/Pérdida Neta:	$4.000

Ilustración 8.2

Empresa XYZ
Hoja de balance
Para el período que finaliza el 31 de

dic de 20xx

ACTIVOS

Activos corrientes

Cuenta   corriente/caja   de $25.000
ahorros

Total Cuenta corriente/caja de ahorros	$25.000
Otros activos corrientes	
Cuentas a cobrar	$10.000
Inventario	$7.500
Total de otros activos corrientes	$17.500
Total activos corrientes	$42.500

Activos fijos

Automóviles	$25.000
Muebles y muebles fijos	$85.000
Equipamiento	$50.000
Inmueble	$150.000
Depreciación acumulada	($20.000)
Total activos fijos	$290.000

Otros activos	
Depósitos	$5.000
Total activos	$337.500

Pasivos

Pasivos corrientes	
Cuentas a pagar	$6.000
Tarjetas de crédito	$15.000

Total pasivos corrientes	$21.000
Pasivos a largo plazo	
Pagarés pendientes de pago - Auto	$18.000
Pagarés pendientes de pago - Equipamiento	$40.000
Pagarés pendientes de pago - Inmueble	$125.000
Total Pasivos a largo plazo	$183.000
Total pasivos	$204.000
Patrimonio neto	
Contribución de dueño/adelanto	$75.000
Ganancias anteriores	$74.500
Ganancias actuales	$5.000
Total patrimonio neto	$154.500
Total pasivos y patrimonio neto	$337.500

Índice corriente (activos corrientes/pasivos corrientes)

El índice corriente muestra cuan bien una empresa podrá pagar sus deudas actuales. Cuanto mayor sea el índice, mejor. Si el índice es menor a 1, es poco probable que la empresa pueda cumplir con sus obligaciones a corto plazo.

Para mejorar tu índice corriente debes tener más dinero en efectivo o activos de alta liquidez disponibles en la hoja de balance en relación con tus deudas actuales. En el corto plazo, tal vez tengas que pedir dinero prestado para cubrir tus gastos y pagar la deuda. Esto no es necesariamente algo malo, pero lo debes tener en cuenta en tu plan y explicarlo adecuadamente para ayudar a que el prestamista sea parte del índice corriente (activos corrientes/pasivos corrientes).

Índice de liquidez (Activos Corrientes-Inventario/Pasivos Corrientes)

Usando la información proporcionada en las ilustraciones 8.1 y 8.2, el índice corriente de la empresa XYZ es:

42.500/21.000 = 2,02

Suponiendo que la norma de la industria es 1,2, el índice corriente de XYZ es muy bueno.

El índice de liquidez (también llamado índice ácido) es muy similar al Índice Corriente, pero más conservador, ya que no considera que el inventario sea lo suficientemente líquido para usarlo para pagar las deudas corrientes.

Al evaluar la liquidez, debes considerar tu calendario de pagos (plazos de las cuentas por cobrar) y los plazos que tienes con los proveedores (cuentas por pagar). Aunque a menudo estos plazos son de 30 días para ambas, estirar los pagos a proveedores puede ayudarte con tu liquidez. Sin embargo, debes hacer esto con cautela, ya que las relaciones con los proveedores son críticas para tu empresa.

Usando la información proporcionada en las ilustraciones 8.1 y 8.2, el índice de liquidez de la empresa XYZ es:

35.000/21.000 = 1,64

Suponiendo que la norma de la industria es 1,0, índice de liquidez de XYZ está en buena forma.

8.2 Índice de endeudamiento

El endeudamiento es el uso del préstamo de fondos para comprar activos. Cuando se analiza el endeudamiento se deben mirar las normas de la industria para poder comparar manzanas con manzanas. Algunas industrias requieren una gran cantidad de deuda, como los fabricantes, pero otras, como las empresas relacionadas a los servicios, tal vez no.

Índice de deuda = (Deuda a corto plazo + Deuda a largo plazo)/Patrimonio neto

Usando la información proporcionada en las ilustraciones 8.1 y 8.2, el índice de endeudamiento de la empresa XYZ es:

21.000 + 183.000/151.500 = 177%

Suponiendo que la norma de la industria es 85% el índice de deuda de XYZ es demasiado alto. Esto podría ser debido a que el propietario no contribuyó con suficiente inversión, o posiblemente al alto costo de los equipos y otros activos necesarios para empezar a funcionar. Otra causa puede ser el corto periodo de tiempo en funcionamiento y no haber obtenido ganancias significativas en el tiempo.

8.3 Índices de Rentabilidad

Obviamente necesitas tener rentabilidad para que tu empresa tenga éxito. Sin embargo, mirar los ingresos o pérdidas netas sólo te muestra parte de la historia.

Con los índices de rentabilidad tal vez puedas centrar la atención específicamente en el lugar de donde vienen tus ganancias o pérdidas. Deberás, por supuesto, ver el panorama completo incluyendo tus tres estados financieros.

Retorno sobre Activos (Ingresos Netos/Activos Totales)

Este índice te dice qué tan bien una empresa utiliza sus activos para conseguir ventas. El número debe ser comparado con las normas de la industria para obtener una idea certera sobre el rendimiento.

Utilizando la información proporcionada en las ilustraciones 8.1 y 8.2, el retorno sobre activos de la empresa XYZ es:

4.000/33/,500 = 0,01

Suponiendo que la norma de la industria es 0,07, el retorno sobre activos de la empresa XYZ es demasiado bajo. La gerencia debería considerar un incremento de precios o la reducción de gastos para aumentar los ingresos netos.

Retorno sobre el Patrimonio Neto (Ingreso Neto/Patrimonio Neto de accionistas)

En el caso de este índice también es importante consultar la norma de la industria para poder comparar. Sin embargo, en pocas palabras, este índice muestra lo que el accionista promedio debe esperar en cuanto a ventas.

Utilizando la información proporcionada en las ilustraciones 8.1 y 8.2, el retorno sobre el patrimonio de la empresa XYZ es:

4.000/154.500 = 0,03

Suponiendo que la norma de la industria es 0,06, el retorno sobre el patrimonio de XYZ es demasiado bajo. Similar a las recomendaciones anteriores, la gerencia necesita aumentar la rentabilidad.

Margen de Ganancia Neta (Ganancia Neta/Ingresos)

La comprensión y el manejo tanto del margen de ganancia bruta como del margen neto es vital para cualquier organización. Cada industria y cada producto fabricado tiene márgenes de ganancia bruta diferentes que contribuyen a los gastos generales de la empresa, resultando en ya sea un ingreso neto o una pérdida neta.

Utilizando la información proporcionada en las ilustraciones 8.1 y 8.2, el margen de ganancia neto de XYZ es:

4.000/125.000 = 3%

Suponiendo que la norma de la industria es de 12%, el margen de ganancia neta de XYZ es muy bajo. La gerencia debe aumentar los ingresos o disminuir los gastos para mejorar este margen.

Nota: Es particularmente importante comparar este % a lo largo de varios períodos para observar tendencias.

8.4 Índice de rotación

Rotación de activos (Ventas/Activos Totales)

Este índice muestra cuán activamente estás utilizando tus activos. Normalmente, cuanto mayor sea este índice, mejor, pero, como suele ocurrir con los índices, es necesario comparar con las normas de la industria.

Utilizando la información proporcionada en las ilustraciones 8.1 y 8.2, el índice de rotación de activos de la empresa XYZ es:

125.000/337.500 = 0,37

Suponiendo que la norma de la industria es 1, la rotación de activos de XYZ es baja. La gerencia necesita aumentar las ventas para utilizar los activos de forma más productiva.

Rotación de Inventario (Ventas/Inventario)

Este índice muestra la frecuencia con la que estás rotando tu inventario. Recuerda, el inventario está ahí para ser vendido, por lo que rotarlo más a menudo refleja ventas más constantes. Al igual que el índice de rotación de activos, la rotación de inventario es mejor cuando es más alta.

Utilizando la información proporcionada en las Ilustraciones 8.1 y 8.2, la rotación de inventario de la empresa XYZ es:

125.000/7.500 = 16,67

Suponiendo que la norma de la industria es 4, el índice de

rotación de inventario de XYZ es muy bueno. La gerencia está haciendo un gran trabajo en la gestión del inventario. Sin embargo, la gerencia debe tener cuidado de tener el inventario necesario para incrementar los ingresos por ventas.

8.5 Análisis general

Es importante que no sólo tengas en cuenta cada uno de los índices en forma individual, sino también en forma conjunta. Además, cuando completas la hoja de cálculo pro-forma, debes jugar con los números, proyectando escenarios con diferentes precios, costos, volumen y endeudamiento para asegurarte de tener la combinación adecuada para una empresa sana. Esto no quiere decir que debes manipular los números para hacer que funcione, sino que debes utilizar esto como una herramienta para orientar tu toma de decisiones.

Para la empresa XYZ, los índices se resumen a continuación.

Índice Corriente 2,02

Índice de liquidez 1,64

Índice de endeudamiento 132%

Retorno sobre Activos 0,01

Retorno sobre Patrimonio 0,03

Margen de ganancia neta 3%

Rotación de Activos 0,37

Rotación de Inventario 16,67

Teniendo en cuenta sólo la información suministrada en los estados financieros y los índices, se puede deducir lo siguiente de la empresa XYZ:

1. Si bien la gerencia está haciendo un buen trabajo en la gestión de la hoja de balance de la empresa, al parecer hay una deuda importante teniendo en cuenta que los ingresos por ventas son bajos.

2. La gerencia debe aumentar significativamente las ventas y aumentar la rentabilidad. Investigar el costo de productos vendidos por empresas similares dará a la

gerencia una idea clara de en qué y en dónde se pueden cortar gastos. Sin embargo, puede ser que un aumento en los ingresos brutos, manteniendo bajo el costo fijo de lugar a los aumentos necesarios en la ganancia neta y, en consecuencia, haya una mejora en los índices de hoja de balance.

8.5.1 Investigación crítica

Elige una empresa en la bolsa de valores con finanzas publicadas. Lleva a cabo un análisis de las finanzas de la empresa y comenta sobre las fortalezas y debilidades de cada índice así como de la empresa como un todo.

8.5.2 Aplicación Ética

Es muy común que los dueños de pequeñas (y grandes) empresas manipulen los estados financieros para satisfacer sus propósitos, tales como la financiación, inversiones, etc. Tener artículos "fuera de balance" o registrar ventas y gastos en diferentes períodos son sólo dos de las líneas éticas más comunes que algunas personas cruzan, pensando que están corriendo un riesgo pequeño para obtener un beneficio mayor a largo plazo.

Sin embargo, debe evitarse la falta de ética de cualquier tipo, no importa cuan tentadora sea. Una forma de hacerlo es tener un asesor con el que puedas compartir honestamente todo, incluyendo tus luchas para mantener el rumbo éticamente.

Para este ejercicio deberás buscar un asesor, ya sea en clase o fuera de clase. Es importante que esta persona sea alguien en quien confías por completo y a quien le dirás la verdad, incluso cuando te duela.

Habla con esta persona acerca de tu lucha interna para ser ético en todo lo que haces. Comunícate con tu asesor regularmente para contarle cómo te está yendo.

Recuerda... enfrentar tus problemas es el primer paso para superarlos. Ignóralos bajo tu propio riesgo.

8.5.3 Desarrollar Habilidades de Liderazgo

Teniendo en cuenta las fortalezas y debilidades del análisis de estados financieros de tu empresa, ¿cómo puedes, como líder, influir en estos índices a través del liderazgo adecuado?

8.5.4 El Escenario Global

Busca 2 empresas multinacionales que compitan. Compara y contrasta los análisis de sus estados financieros.

9. Unir los conocimientos aprendidos

El objetivo de este capítulo es aprender sobre:

* Cómo unir toda la información de esta libro en un plan

A esta altura del proceso, deberías tener la mayor parte de tu plan escrito o como borrador con comentarios. Ahora es el momento de unirlo en un plan coherente, sensato que estarás orgulloso de mostrar a los demás.

Para ayudarte a unir todo, recapitularé cada sección, haré comentarios finales y te daré consejos que creo se traducirán en una propuesta sólida.

9.1 El Plan general

Imprime una copia de tu plan. Comenzando por la página del título, revisa cuidadosamente página por página y evalúa estas tres cosas:

1. ¿Tiene un aspecto nítido, limpio y estéticamente agradable?

2. ¿La información en la página es correcta y completa?

3. ¿Qué hay que cambiar o agregar a esta página para tenerla lista?

Debes llevar a cabo esta tarea para cada página del plan, incluyendo los apéndices/anexos. Recuerda, obtienes sólo una primera impresión. Si se ve mal o hay errores gramaticales eso es lo que va a llamar más la atención. Si no está perfecto, tal vez ni siquiera lo lean una vez.

9.2 El Concepto

A estas alturas ya deberías tener el concepto resuelto. Si no es así, tendrás que volver a revisar cada sección y revisar de cerca si las referencias al concepto se han cambiado.

En cuanto al concepto, recuerda explicarlo desde el principio con mucha claridad. Siempre se puede entrar en detalles más adelante en el capítulo. Asume que el lector sólo leerá los primeros dos párrafos. ¿Se puede comprender el concepto leyendo sólo esos dos párrafos?

Más adelante en el capítulo deberías tener detalles sobre las especificaciones, etc. Lo que quieres es que el lector vea que realmente has pensado en esto y sabes lo que estás haciendo. No sólo estás vendiendo tu plan, te estás vendiendo a ti mismo.

9.3 Marketing

Además de asegurarte que el plan está gramaticalmente correcto, debes estar seguro de que es coherente. Por ejemplo, si escribes en tu plan que pondrás anuncios en los periódicos y en la televisión, ¿esto está incluido en tu presupuesto? Si no lo está, el lector verá que no has prestado mucha atención a tu plan y dudará de tu capacidad para llevarlo a cabo con éxito.

No te enredes demasiado en los detalles de la sección de marketing. Sin embargo, tal vez sea una buena idea tener un par de ejemplos de anuncios o incluso los de los competidores que deseas imitar. Recuerda, estás tratando de crear una imagen en la mente de los lectores. Los gráficos ayudan enormemente, pero demasiados hacen que el lector pierda interés.

9.4 Gestión

Esta es la sección en la que realmente debes venderte a ti mismo. El lector debe sentirse cómodo contigo como gerente. En esta sección es vital mostrar tus habilidades y tu equipo.

Pídele a un amigo o colega que lea esta sección (y otras) y que te dé su opinión sobre cómo puedes fortalecer el plan.

9.5 Contabilidad/Finanzas y Presupuestos

Esta sección suele ser la más difícil para la mayoría de la gente, ya que no entienden la contabilidad y huyen cuando aparecen los números. Sin embargo, ser débil en esta sección casi seguro que resultará en un rechazo.

Si es necesario, busca un contador, o incluso un socio que sepa de contabilidad, y pide ayuda para preparar esta sección. La plantilla proporcionada en este libro te ayudará a completar el 90% del trabajo, pero aún así se supone una cierta comprensión de contabilidad.

Cuando utilizas la plantilla, asegúrate de guardar copias de varias versiones a medida que avanzas. Si cometes un error con el proceso avanzado, puede ser agradable volver a un punto en el que tenías más confianza y empezar de nuevo. No es raro confundirse cuando se presentan todos los datos. Debes asegurarte de tener copias para explicar tu proceso de pensamiento o para darte un nuevo punto de partida.

Enfoca la mayor parte de tu atención en la primera hoja. Trata de sentirte cómodo con ella para poder manipular los datos según sea necesario. Si ves que tu ingreso neto es demasiado bajo, tal vez desees aumentar los precios de venta, etc. Entender el libro de trabajo te ayudará a ajustar los números para obtener el producto final que necesitas. Ten cuidado, sin embargo, de no manipular los números para hacer que algo funcione que es poco probable. Se realista y honesto en esta sección en particular.

Una vez completo, es recomendable que un contador público certificado eche un vistazo en tu plan y en particular a tus proyecciones financieras para asegurarte de que son realistas y precisas. Esto no es sólo para el financiero, sino también para ti para decidir si continúas o no con el proyecto.

9.6 Análisis de Estados Financieros

Lo mejor es no mirar esta sección de tu libro de trabajo hasta tener todos los otros números en orden. Si miras esta sección demasiado pronto, corres el riesgo de manipular los números para que se vean de la forma que deseas en lugar de la forma más probable.

Una vez que tengas los números completos, mira la hoja de cálculo con el análisis de estado financiero y analiza tu empresa como lo haría un tercero desinteresado. Si hay debilidades, mira donde están y decide objetivamente si puedes hacer algún cambio. Si no puedes, tendrás que explicar las debilidades en una nota al pie de la sección de finanzas o en otra sección de tu plan.

9.7 Apéndices/Anexos

Esta sección puede ser de tan solo un par páginas o puede ser más larga que el cuerpo de tu plan en función de las referencias del propio plan.

En el caso de esta sección las cosas deben estar ordenadas y ser fáciles de encontrar. Si haces referencia a una hoja de vida en la sección de gestión y la llamas apéndice A3.1, debes asegurarte de que la referencia esté realmente en la propia hoja de vida o una portada justo antes como tienes al inicio del plan.

En esta sección, generalmente cuanto más haya, mejor. Por supuesto que se llega a un punto en el que es demasiado, pero debes asegurarte de que el lector tenga toda la información que necesita.

Algunas cosas que debes incluir en tu apéndice (y a las que debes hacer referencia en el cuerpo del plan) son, pero no se limitan a:

- ✓ Las hojas de vida de todos los actores clave
- ✓ Información de la Industria de fuentes respetables.
- ✓ Los estados financieros y otras hojas de cálculo financieras (pasadas y futuras).
- ✓ Muestras de trabajo (si se aplica)
- ✓ Materiales de marketing de muestra.
- ✓ Cualquier otra información que pienses que el lector puede necesitar o que fortalezca tu plan.
- ✓ Si tu empresa ya está funcionando, el lector querrá ver declaraciones de impuestos pasadas,

estados financieros provisionales, licencias y cualquier otra información que muestre tu historial.

9.8 Revisión y edición

Una vez que tienes el plan completo, debes hacer al menos una edición más para asegurarte de que está perfecto. Revisa todas las páginas de nuevo utilizando una nueva versión impresa. Haz notas y luego corrige todos los problemas. Haz esto una y otra vez hasta que obtengas una copia que no necesite revisiones.

9.8.1 Presentación

Una vez que el plan está listo, debes encuadernarlo de forma profesional o ponerlo en una carpeta atractiva y profesional. La mayoría de tus lectores serán gente de negocios y, por lo tanto, se deben evitar los colores llamativos. El plan debe ser atractivo pero discreto.

Si vas a enviar el plan a un grupo de capital de riesgo u otros grupos de inversión, no lo hagas mediante correo rápido. Los capitalistas de riesgo ven esto como un exceso de entusiasmo y a menudo dejan estos planes de lado. Simplemente envía el plan por correo en un sobre profesional con acuse de recibo. De esta manera sabrás cuando ha llegado.

No debes preguntar por tu presentación demasiado rápido. Espera por lo menos una semana después de la recepción antes de comunicarte con el lector. Probablemente tu lector esté muy ocupado y no quieres ser molesto. Tampoco debes parecer demasiado ansioso.

Dale seguimiento a cada conversación que tengas con el lector con una nota de agradecimiento o un correo electrónico que resuma la charla. Esto demuestra buena etiqueta de negocios y te asegura que el lector y tu comprendieron la conversación de la misma manera.

9.8.2 Conocimiento en acción.

A esta altura, debes tener la mayoría, si no todo, tu plan por escrito, incluso aunque no esté plenamente desarrollado como tu quisieras. Para concluir tu plan de negocios, debes hacer lo siguiente:

1. Ve sección por sección, haz pruebas de lectura y desarrolla más a fondo las ideas, gráficos, etc.
2. Asegúrate de que tu plan de negocios es coherente, está bien organizado y es fácil de leer.
3. Asegúrate de que todas las finanzas y otros accesorios tales como gráficos, informes a los que has hecho referencia y hojas de vida se presentan profesionalmente.
4. Pídele a un amigo o conocido que puede ser objetivo que lea tu plan y te de su opinión. Haz los cambios necesarios. (Ver la sección de Investigación Critica a continuación).
5. Imprime tu plan en color y encuadérnalo profesionalmente o colócalo en una buena carpeta que luzca profesional.

¡Felicitaciones! Ahora tienes un plan que espero que ayude a hacer tus sueños realidad.

9.8.3 Investigación Crítica

Agrúpate con un compañero de clase y lee y critica su plan de negocios. Haz que otro compañero lea y critique el tuyo. Utiliza esta información para fortalecer tu plan.

9.8.4 Aplicación Ética

A esta altura, ya deberías poder reflexionar sobre el plan que has escrito. Ahora tienes que tomar decisiones importantes. ¿Seguirás adelante con esta empresa o no?

Suponiendo que deseas continuar, cómo procedes es muy importante. Tal vez necesites pedir un préstamo a un banco, a un pariente o usar tus propios ahorros. Mientras que arriesgar tu propio dinero es, sin duda, una decisión personal, ¿también eres capaz de arriesgar el dinero de los demás?

Para este último ejercicio ético, debes escribir una reflexión utilizando el análisis FODA (Fortalezas, Oportunidades, Debilidades y Amenazas) y luego evaluar tus posibilidades de éxito objetivamente. Luego tendrás que responder a la pregunta, "¿Qué estoy dispuesto a arriesgar mío y de los demás?"

9.8.5 Desarrollar Habilidades de Liderazgo

Presenta tu plan ante la clase o ante un equipo dentro de tu clase según las indicaciones de tu instructor. Se profesional y preséntalo como lo harías ante alguien que esperas que invierta o financie tu empresa.

Pídele a tu audiencia que te critique de forma sincera y honesta para estar bien preparado cuando te presentes ante los profesionales. Ten cuidado de no estar a la defensiva y acepta la crítica como algo constructivo y como una oportunidad para desarrollarte.

9.8.6 El Escenario Global

Ten en cuenta toda la información que has aprendido sobre las empresas multi-nacionales. ¿Qué empresa te gustaría imitar? ¿Por qué?

10. Sabiduría desde las trincheras

Los objetivos de este capítulo son aprender sobre:

- Lecciones de emprendedores experimentados
- Pensar en las lecciones que necesitas aprender y aplicar como nuevo emprendedor

Es importante que, como nuevo propietario de una empresa, desarrolles tus habilidades de gestión y liderazgo. Una de las mejores maneras de hacer esto, además de leer mucho, es conocer las historias de aquellos que han atravesado un camino similar al tuyo.

En esta sección les he pedido a tres profesionales exitosos de los negocios que transmitan su sabiduría acumulada por años de manejar empresas ellos mismos o tratar con empresas a través de la financiación, inversión o consultoría. Todos son muy reconocidos en sus campos, lo cual podrán apreciar en sus biografías.

10.1 Charles Schoen, Contador Público Certificado

Charles Schoen es Contador Público Certificado con sede en Charleston WV y tiene décadas de experiencia en el financiamiento y la consultoría con pequeñas empresas.

Charles tiene su propia oficina de Contador Público Certificado y también es inversor/propietario de varias empresas en el sur y el medio oeste de Estados Unidos.

El Sr. Schoen fue entrevistado y se le preguntó cuáles pensaba que eran los errores más grandes que cometían los nuevos empresarios.

1. La falta de capital necesario para iniciar y hacer funcionar una empresa.
2. No entender su modelo de negocios para saber qué hacer en lo que respecta a los montos de ingresos, nómina, costos, etc.
3. No estar en contacto con los cambios en su industria como la tecnología y otros cambios, los descensos en las perspectivas de ingresos, el aumento de los costos o las regulaciones.
4. Tener demasiados huevos en una canasta, es decir, tener un cliente que represente la mayor parte del ingreso total.

5. Cuando se enfrenta a problemas de liquidez, el empresario a menudo no prioriza el pago a las personas adecuadas, sino que en cambio paga a los que están gritando más fuerte.
6. Cuando se presentan problemas, el empresario normalmente se esconde en lugar de enfrentarse a los acreedores de frente.
7. No entender que sólo pueden pagarse a sí mismos de acuerdo con la rentabilidad y flujo de caja de la empresa.
8. Expandirse a nuevos territorios o líneas, pensando que el éxito que tienen en un área se dará automáticamente en otra.
9. No ser realista.
10. No administrar por objetivos.

10.2 Keefe Duterte

Keefe G. Duterte está casado con su bella esposa, Sarah, y tiene dos hijas encantadoras, Nais y Mia. Keefe actualmente posee y opera una de las agencias de seguros más grandes del estado de Texas. Frente a una crisis económica y facturas acumuladas, pudo resucitar un negocio moribundo y convertirlo en uno de los más rentables en Texas.

Keefe Duterte también es un orador motivacional muy bien pagado. Keefe comparte sus estrategias para superar los momentos difíciles con grupos en todo el país. Su serie de libros, *No es cómo empiezas, sino cómo lo finalizas* refleja su filosofía de que nunca es demasiado tarde para ser la persona que podrías haber sido. Keefe tiene la misión de animar a la gente a ¡vivir sus sueños!

¿A qué le tienes miedo?

Imagina que eres atacado por un gran tiburón. ¡Es una situación aterradora!. Pero ¿Deberíamos tener miedo? ¿Deberíamos estar preocupados por tiburón come hombres? ¿Podrás entrar de nuevo al océano?

El miedo es un gran motivador. Puede hacernos mover o nos puede dejar paralizados. Muchas veces el miedo puede no dejarnos alcanzar la grandeza. El miedo puede hacer que no veamos nuestro verdadero potencial. Durante años como agente de seguros, el miedo me detenía. El miedo hizo que rechazara nuevas ideas y "fuera a lo seguro." El miedo casi destruyó mi negocio. No dejes que destruya el tuyo.

El fallecido Zig Ziglar me enseñó a mirar el miedo de otra manera. El miedo es en realidad un acrónimo que quiere decir "evidencia falsa que parece real" (En inglés: FEAR: **F**alse **E**vidence **A**ppearing **R**eal). El miedo está en tu mente. En los negocios y en la vida, hay una enorme diferencia entre el peligro y el miedo. Tu capacidad de determinar la diferencia es clave para tu éxito. Así que ¿cómo puedes descifrar qué es una amenaza real para tu empresa y qué es un producto de tu imaginación?

Busca un mentor. Suena simple, pero será fundamental para tu éxito. Mis tres primeros años en la empresa fueron un completo desastre. Me las arreglé para perder más de 1,5 millones de dólares en primas de clientes. Estaba en aprietos. Me negué a pedir ayuda porque no quería parecer "débil." Era tan estúpido. Una vez que superé el *miedo* de pedir ayuda, mi empresa se disparó. Encontré un mentor que había estado en el negocio de los seguros por más de 25 años. Él me instruyó y me mostró cómo pequeños ajustes en la empresa podían marcar una *gran* diferencia. En palabras de W. Clement Stone, "Las bisagras pequeñas permiten que se abran puertas grandes."

No puedo enfatizar lo importante que es encontrar un mentor o instructor de negocios. Nos convertimos en las personas con las que nos rodeamos. Si quieres tener éxito en los negocios, es imperativo que te rodees de gente exitosa. Ser emprendedor es trabajo solitario en la vida. Cuando eres dueño de un negocio, no tienes compañeros de trabajo. Todas las decisiones son tuyas. No puedes culpar a "la alta dirección". Tu eres la alta dirección. Me uní a un grupo de expertos dirigido por mi mentor en 2009, me ayudó a conectarme con otros dueños de empresas exitosos, motivados e inspirados que estaban decididos a prosperar. Si quieres ganar más dinero, tener una empresa próspera y evitar la pérdida de toneladas de dinero como yo; rodéate de gente exitosa. Estarás muy agradecido de haberlo hecho.

Quiero animarte a enfrentar tus miedos. Todos tenemos una tendencia a evitar el dolor y el sufrimiento. Sin embargo, el dolor es inevitable. Tal vez evites el dolor a corto plazo yendo a lo seguro. Desafortunadamente, hay un dolor aún más grande dando vueltas por ahí... El dolor del arrepentimiento. No mires atrás en tu vida deseando haber hecho las cosas de manera diferente. Ve tras tus sueños. ¡Enfréntate a tus miedos! Cuando lo hagas, sucederán grandes cosas.

Para obtener más información sobre el autor Keefe Duterte y cómo unirte a un grupo empresarial exitoso, por favor visita su sitio web: www.Keefespeaks.com

10.3 Richard Coleman

El Sr. Coleman nació en Chicago, Illinois

Y actualmente reside en Arlington Heights, Illinois y Tucson, Arizona

Durante una variada carrera en los negocios que abarcó más de 45 años, Richard fue dueño y operó varias empresas exitosas, incluyendo dos bancos.

Richard está casado y tiene 3 hijos adultos y le gusta el golf, los paseos en bote y la pesca.

La sabiduría de Richard desde las trincheras

El error más grande que cometen los nuevos propietarios de empresas es no tener suficiente capital de trabajo para mantenerlos durante los períodos de ventas lentas o bajas. Recuerda, los bancos no prestan dinero sólo a aquellos que lo necesitan. Le prestan dinero a aquellos que pueden devolverlo.

La mejor manera de superar esto es hacer un presupuesto por adelantado, y luego hacerlo de nuevo. Planea para los peores flujos de ingresos posibles y luego incrementa el margen en un 20%. Comienza juntando 50% más capital que lo que crees que necesitas.

Otro error que cometen los nuevos propietarios es tratar de ser expertos en todo en lugar de escoger una sola cosa, producto, servicio, etc., y convertirse en un "Maestro" en eso.

Se un apasionado de tu producto o servicio y conviértete en la persona que más sabe de tu industria o profesión sobre cómo hacerlo mejor.

Por último, el tercer error más grande que cometen los nuevos propietarios es tratar de hacer todo ellos mismos porque piensan que pueden hacerlo mejor.

Tienes que aprender a delegar y contratar a las mejores personas que puedas encontrar que te puedan ayudar con las habilidades que no tienes o que no estás interesado en adquirir. Rodéate de asesores que sepan sobre las cosas que afectan a tu industria o empresa y pide su ayuda. Entre ellos debe haber un Contador Público Certificado, un abogado, un experto en inversiones, etc. Yo hasta tendría una Junta Directiva con habilidades y que estén dispuestos a contribuir de alguna manera formal. Por lo menos, pídeles que contribuyan a modo de Junta Consultora a cambio de un almuerzo gratis de vez en cuando.

Por último, no le digas a la gente que haga cosas. Enséñeles cómo hacerlas.

Cosas para pensar:

1. Nada grandioso se ha logrado sin entusiasmo.
2. Las personas exitosas hacen las cosas que no quieren hacer pero deben hacer para tener éxito.
3. No hay vergüenza en pedir ayuda.
4. Siempre ten una estrategia de salida por si acaso. A veces es más difícil salir de un negocio de manera rentable que haberlo iniciado en un principio.
5. Confía en tus instintos. Te han traído hasta aquí y probablemente sean acertados.
6. Nunca contrates a alguien a quien no invitarías a tu casa.
7. Las personas exitosas tienen que tener movilidad social, que es la capacidad de interactuar con gente de todos los géneros, razas y niveles de ingresos.

10.4 Observaciones concluyentes

Mi sincera esperanza es que este libro te haya ayudado a desarrollar un plan que haga tus sueños realidad. No pretendo decir que el camino que has elegido es fácil, pero si lo implementas debidamente, ser un emprendedor puede llevar mucha alegría a tu vida, así como proporcionar un importante crecimiento económico a tu comunidad.

Un mentor mío, el Dr. Ron Crum, aconseja a toda persona que se haga estas tres preguntas importantes:

1. ¿Qué quieres?
2. ¿Cuánto costará?
3. ¿Estás dispuesto a pagar el precio?

Se objetivo en la evaluación de tu empresa y toma decisiones sabias, bien pensadas que generarán una vida productiva y con un propósito.

te deseo todo lo mejor y éxito en tu emprendimiento.

-Dr. Jay A. Dewhurst

Apéndice A

Sitios web para muestras de Planes de Negocios y plantillas:

1. http://www.docstoc.com/docs/7951457/Sample-Comprehensive-Business-Plan-Outline

2. https://www.stcloudstate.edu/sbdc/documents/AWESOME%20SBA%20business%20plan%20template.pdf

3. http://www.sba.gov/tools/business-plan/1

4. http://practicalbusinessplanning.com/practical-guide-text.html

5. http://www.score.org/resources/business-planning-financial-statements-template-gallery

Plantillas financieras:

1. http://practicalbusinessplanning.com/business-planning-tools.html

2. http://www.entrepreneur.com/formnet/finance.html#

3. http://office.microsoft.com/en-us/templates/business-plan-financials-TC010380170.aspx

4. http://www.score.org/resources/business-planning-financial-statements-template-gallery

Apéndice B: Ejemplo de Plan de Negocios

Este apéndice tiene un plan de negocios que utiliza la información proporcionada en el libro, pero tiene algunas variaciones para satisfacer las necesidades particulares de la empresa.

Es importante que los planes de negocios tengan ciertas partes, pero eso no significa que el escritor no pueda agregar o cambiar las cosas para presentar mejor su empresa.

Medical Office, Inc.

Plan de Negocios para Invertir en

Medical Office, Inc.

Medical Office, Inc.

1234 Main Street

Anytown, USA. 11111

(800) 555-1212

Acuerdo de Confidencialidad

El lector que suscribe reconoce que la información proporcionada por Medical Office, Inc. en este plan de negocios es confidencial; por lo tanto, el lector está de acuerdo en no a divulgarla sin el consentimiento expreso y por escrito de Medical office, Inc.

El lector reconoce que la información proporcionada en este plan de negocios es en todo sentido de naturaleza confidencial, aparte de la información que es de dominio público a través de otros medios, y cualquier divulgación o uso del la misma por parte del lector, puede causar daños graves a Medical Office, Inc.

Si se lo solicita, este documento debe ser inmediatamente devuelto a Medical Office, Inc.

_____

Firma

_____

Nombre (escrito a mano o a máquina)

_____

Fecha

Esto es un plan de negocios. No implica una oferta de valores.

Resumen Ejecutivo

La empresa

Medical Office, Inc. se inició en 1985 en Anytown, EE.UU.. Después de casi tres años de funcionamiento, la empresa se vio en la necesidad desesperada de una nueva gerencia y un ajuste en sus operaciones fiscales. El "Propietario" de una empresa de consultoría en Anothertown, EE.UU., _____, aceptó entrar en la empresa como el nuevo Director Financiero para hacer un "cambio total". Habiendo tenido muchos años de experiencia en esto, el Sr. Nuevo Propietario estaba seguro que Medical Office era una buena candidata para un cambio en el funcionamiento. Después de 14 meses, el Sr. Nuevo Propietario volvió a establecer la credibilidad de la empresa con los proveedores y clientes por igual, con un aumento en las ventas de un 30% y un aumento de la ganancia neta de casi un 300%. Ahora que la empresa tiene una base sólida de ventas y ganancias, Nuevo Propietario cree que es hora de incorporar un Director Financiero/Propietario permanente y refinanciar la deuda de la empresa a través de inversión/préstamos.

Medical Office tiene licencia para operar en los 50 estados de acuerdo a la Parte B de Medicare. Actualmente,

Medical Office, Inc. ofrece equipo médico duradero para los pacientes individuales, hogares de ancianos y centros de residencia asistida en EE.UU., _____, _____ y _____. La empresa se especializa en las áreas de cuidado de heridas y cuidados respiratorios y se ha expandido recientemente al mercado de suministros médicos desechables. Las ventas en el primer año de funcionamiento (20??) fueron de aproximadamente $300.000. El aumento a $550.000 en 20?? es evidencia del importante crecimiento que esta empresa está experimentando. Las ventas alcanzarán los $650.000- 700.000 en 20?? con una ganancia neta de aproximadamente $300.000. Los objetivos de la empresa son ambiciosos, pero alcanzables, con una proyección de ventas en USA para el 20?? de $750,000 + y ventas en _____ de más de $250.000.

El mercado

El mercado de equipos médicos duraderos (DME, por sus siglas en inglés) en los EE.UU. es de $53 mil millones, y se espera que aumente radicalmente debido al envejecimiento de la población del baby boom. Durante los próximos 18 años, 72 millones de personas estarán llegando a los 60 años de edad. Este aumento en el mercado, junto con el hecho de que Medicare ha comenzado a reducir el número de números de proveedor emitidos, da a Medical Office una clara ventaja.

Los productos

Los productos ofrecidos por Medical Office se pueden categorizar como equipos para el cuidado de heridas, equipo de cuidados respiratorios y materiales desechables. Dentro de cuidado de heridas, Medical Office ofrece superficies de apoyo del Grupo 1 y Grupo 2 (tal como se define mediante la codificación de Medicare), superficies de apoyo bariátricas, y bombas para terapia de presión negativa en heridas. Esta es una línea de productos diversificada que responde a las exigencias individuales de los clientes. Dentro de la línea de productos de cuidado respiratorio hay una diversidad similar. Medical Office tiene concentradores de oxígeno, máquinas CPAP y BiPAP, así como, equipos de oxígeno desechables. La tercera línea de productos, los materiales desechables, es un mercado enorme con un potencial casi ilimitado.

La estrategia

La estrategia de crecimiento de Medical Office es ampliar las ventas mediante la apertura de nuevas oficinas en las principales áreas metropolitanas mediante franquicias.

Cada franquicia funcionará con cierta independencia con el beneficio de una oficina de facturación y la adquisición de inventario consolidados en Anytown, EE.UU., la sede corporativa. Las dos ubicaciones actuales (EE.UU. y AZ) se convertirán en las dos primeras franquicias en pagar regalías a "Corporación" y serán propiedad exclusiva de Corporación. Cada franquicia pagará regalías de aproximadamente el 12% de los ingresos a Corporación. Esta estrategia permite un crecimiento rápido y eficiente al mismo tiempo que maximiza la rentabilidad de la empresa.

1. Objetivos

El objetivo de este plan es obtener $ 1,3 millones de dólares en capital de inversión para:

a. Reestructurar la deuda para permitir que las "franquicias" se conviertan en una realidad;

b. Contratar un nuevo Director Financiero;

c. Convertir la empresa en una operación global de varios millones de dólares en 3 años.

1.1 Misión

La misión de Medical Office es proporcionar una atención de calidad a través de productos y ofertas de servicios para los pacientes en todo EE.UU., beneficiando a nuestros empleados, comunidad y accionistas. Esta misión se extiende a toda la corporación como un recordatorio constante de cómo va a funcionar la empresa. La misión es algo más que una declaración; es un curso de acción.

1.1.1 Claves para el éxito

Medical Office identifica tres claves esenciales para el éxito sostenible a corto plazo y a largo plazo. Estas claves son:

1. Contratar personal de la forma que mejor se adapte a las demandas de los clientes actuales y futuros planes de crecimiento.
2. Ofrecer una atención al cliente superior para ayudar en la construcción de relaciones duraderas.
3. Identificar las regiones de expansión para capturar los mercados disponibles con franquicias y/o sucursales.

1.1.2 Resumen de la empresa

Medical Office se creó en julio de 1985 como una corporación en EE.UU. La empresa tiene licencia para operar en los 50 estados de acuerdo a la Parte B de Medicare. Medical Office actualmente ofrece equipo médico duradero para pacientes individuales, hogares de ancianos y centros de residencia asistida en EE.UU., _____, _____ y _____. La empresa se especializa en las áreas de cuidado de heridas y cuidados respiratorios con la reciente expansión al mercado de suministros médicos desechables. Las ventas en el primer año de funcionamiento (20??) fueron de aproximadamente $300.000. El aumento a $550.000 en 20?? es evidencia del importante crecimiento que está experimentando la empresa. Las ventas proyectadas son de $600.000 para 20?? con una ganancia neta de aproximadamente $300.000. Las ventas proyectadas para 20?? resultantes de la expansión son ambiciosas, pero alcanzables: ventas de $750.000 + en EE.UU. y de más de $ 250.000 en _____ .

Medical Office alquila un conjunto de oficinas de 1.500 pies cuadrados en Anytown, EE.UU., que también sirve como depósito temporal para los suministros respiratorios y el inventario de alquiler de equipos. Medical Office posee $350.000 dólares en equipo médico, que alquila a los pacientes de atención domiciliaria individuales u hogares de ancianos. Este equipo consta de camas de hospital, colchones, equipos para el cuidado de heridas, tales como Bombas de presión negativa para terapia en Heridas, equipos respiratorios, tales como concentradores de oxígeno CPAP y BiPAP, nebulizadores y los suministros que van con estos equipos. Medical Office también tiene licencia con Medicare, Medicaid, y muchos otros seguros importantes. Esto es extremadamente importante porque en 1985, Medicare comenzó a ralentizar el proceso de emisión de números de proveedor a los distribuidores de equipos. Sin este número, un distribuidor no puede facturar un producto a Medicare.. Por lo tanto, la licencia es un activo valioso que permite que Medical Office lleve a cabo la expansión en los Estados Unidos. Este número también da a los ejecutivos de ventas la oportunidad de ofrecer productos nicho en la industria lo cual ayuda a crear una mayor ventaja competitiva. Estimamos el valor de esta licencia en $500.000 y su valor crece de manera constante. En total, los activos depreciables e intangibles de Medical Office tienen un valor de aproximadamente $1.000.000.

1.2 Propietarios de la empresa

Las franquicias de EE.UU. y _____ serán propiedad de Medical Office (Corp). Actualmente, Medical Office está registrada como una corporación en EE.UU. con el 100% de la propiedad conferida a los dos propietarios actuales, "Propietario" y - Propietario original.

1.2.1 Productos

Los productos ofrecidos por la Medical Office se pueden categorizar como equipos para el cuidado de heridas, equipos de cuidado respiratorio y suministros médicos desechables. Dentro de cuidado de heridas, Medical Office ofrece superficies de apoyo del Grupo 1 y Grupo 2 (tal como se define mediante la codificación de Medicare), superficies de apoyo bariátricas, y bombas para terapia de presión negativa en heridas. Esta es una línea de productos diversificada que responde a las exigencias individuales de los clientes. La línea de productos de cuidado respiratorio cuenta con la misma diversidad de productos. Medical Office cuenta con concentradores de oxígeno CPAP y BiPAP, así como suministros de oxígeno desechables. La tercera línea de productos, los materiales desechables, es un mercado enorme con un potencial casi ilimitado.

1.3 Equipos para el cuidado de heridas

La gestión del cuidado de heridas es una parte integral de los cuidados que los hogares de ancianos proporcionan a sus pacientes. Las instalaciones no pueden satisfacer las necesidades de atención de sus pacientes sin el equipo necesario. Las superficies de apoyo de los grupos 1 y 2 que Medical Office proporciona a sus clientes ayudan en la cicatrización de las heridas y son un producto esencial para todos los hogares de ancianos. Los pacientes individuales con heridas también utilizan este equipo en sus hogares. La diversidad en las necesidades de cada paciente permite la introducción de productos de nicho que se adapten a las pautas especializadas de cuidado de heridas. Los pacientes, las enfermeras y los médicos están involucrados en la toma de decisiones cuando se trata del cuidado de la herida y su curación. El personal de ventas de Medical Office está especialmente capacitado para evaluar las necesidades del paciente y las características de las instalaciones para proporcionar el equipo que logre curar las heridas y sea fácil de usar.

1.4 Equipos para cuidados respiratorios

La terapia respiratoria es un campo cada vez más amplio que abarca más que la población de edad avanzada. El aumento del uso de la terapia de sueño para ayudar a los pacientes con apnea del sueño y otros trastornos del sueño hace necesario el uso de equipos tales como máquinas CPAP, BIPAP y concentradores de oxígeno. El uso de todos estos dispositivos es indicado por los médicos para llevar oxígeno a los pacientes de una manera que les ayude a respirar con más facilidad, aumente sus niveles de saturación de oxígeno y/o los ayude a dormir.

2. Resumen de análisis del mercado

Durante los próximos 18 años, 72 millones de personas llegarán a los 60 años de edad debido a la maduración de la generación del baby boom. La perspectiva de crecimiento en el mercado global de productos médicos duraderos es masiva. Todos los segmentos de mercado que proveen a los geriátricos o a personas mayores están disfrutando de un enorme crecimiento. Hoy en día hay 6.000 empresas que ofrecen equipos médicos y suministros, con un ingreso anual combinado de aproximadamente $53 mil millones. El potencial de crecimiento continuado inmenso es, obviamente, una característica muy atractiva del mercado.

2.1 Estrategia de segmento de mercado objetivo

El mercado objetivo de Medical Office se basa en los destinos del segmento de mercado de los baby boom que se retiran - ubicaciones geográficas como el suroeste, el sur, el medio oeste y el oeste. Para maximizar los esfuerzos de expansión, Medical Office investigará, localizará y buscará los nichos de mercado donde los productos se puedan ofrecer con márgenes rentables.

2.2 Análisis de la industria

Aunque la industria de productos médicos duraderos es competitiva, hay oportunidades únicas dentro de esta industria que no se han capitalizado. Muchas de las empresas de productos médicos son grandes empresas nacionales que se esfuerzan por ofrecer una atención al cliente de calidad. Con precios competitivos, la falta de atención al cliente por parte de las grandes corporaciones nacionales crea una ventaja comercial para Medical Office. La clientela actual de Medical Office se ha construido sobre la base y el valor de brindar un buen servicio. Con la financiación adecuada, las franquicias podrán continuar promoviendo el valor en un buen servicio a una clientela mayor. Además, los ejecutivos de ventas tienen la oportunidad de ofrecer productos especializados que están en alta demanda por parte de los clientes.

2.3 Resumen de estrategia e implementación

2.3.1 Ventaja competitiva

Medical Office trabaja en base a relaciones de largo plazo con clientes satisfechos. Estas relaciones proporcionan defensas contra la competencia. Ante todo, Medical Office maximiza estas oportunidades para ayudar a nuestros clientes a comprender el valor de lo que ofrecemos. Además de forjar relaciones, Medical Office tiene una enorme ventaja competitiva por poseer la licencia con Medicare, Medicaid, y otros seguros importantes. La licencia con Medicare es particularmente importante ya que, en 1985, Medicare comenzó a disminuir el proceso de emisión de números de proveedor a los distribuidores de equipos. Sin este número, un distribuidor no puede facturarle un producto a Medicare. Un activo intangible de esta magnitud es parte fundamental de la estrategia de crecimiento de Medical Office para expandirse por todo Estados Unidos. El número de proveedor de Medicare también les da la oportunidad a nuestros ejecutivos de ventas de que se especialicen en productos de nicho para crear una mayor ventaja competitiva.

2.4 Estrategia de marketing

La estrategia de marketing es un complemento a la estrategia global de la empresa:

1. Crecimiento a través de la creación de franquicias en mercados importantes identificados en los EE.UU.
2. Énfasis en el servicio y apoyo
3. Maximización de las relaciones comerciales existentes

4. Especialización en nichos de productos con altos márgenes de ganancia en la industria del cuidado heridas

2.5 Estrategia de ventas.

Utilizamos una estrategia de ventas directa para llegar a nuestros clientes. Dado que los competidores ofrecen productos similares y a precios similares, debemos enfocarnos en proporcionar un servicio excepcional. Al utilizar el método de venta directa, el objetivo de establecer y maximizar relaciones duraderas con los clientes se puede lograr de forma más fácil. A medida que se lleve a cabo la expansión a nuevos mercados geográficos, los ejecutivos de ventas establecerán mercados regionales mediante estos mismos valores.

2.5.1 Pronóstico de Ventas

El crecimiento en las ventas puede ser explicado mediante la expansión a nuevas regiones geográficas. También, suponemos que el costo de los bienes vendidos se mantendrá proporcional al porcentaje de ventas.

2.6 Objetivos

Algunos de los objetivos logrados desde la reorganización de la empresa son: ventas brutas de $600.000 en 20??, implementación de forma exitosa un departamento de contabilidad y finanzas profesional y mejora de los márgenes netos. Estos objetivos se complementan entre sí. El crecimiento de las ventas creó la necesidad de tener un departamento de contabilidad y finanzas, y el departamento nuevo ayudó a mejorar los márgenes a través de una evaluación más profunda de las oportunidades de ventas. La implementación del departamento profesional de contabilidad y finanzas también ayudó Medical Office a establecer las bases para su expansión.

2.7 Resumen de administración

2.7.1 Plan de personal

El personal actual de Medical Office está compuesto por seis empleados y un pasante y se espera que se triplique en los próximos años debido a la rápida expansión de la empresa. El organigrama incluye una división de ventas y una división de operaciones y administración. Dentro de la división de ventas los empleados se clasifican en gerentes de ventas regionales y ejecutivos de ventas.

2.8 Plan financiero

2.8.1 Proyección de ganancias y pérdidas

Las ventas brutas proyectadas se basan en las fuertes ventajas competitivas de la licencia existente de Medicare en los 50 estados, las relaciones comerciales sostenibles, la ubicación de franquicias investigadas y la especialización en nichos de productos con márgenes de ganancia favorables. Se asume que los gastos se mantendrán proporcionales al porcentaje de ventas.

2.9 Finanzas y anexos

(No incluidos en este ejemplo)

Durante los más de 5 años que me llevó escribir este libro, tuve la bendición de enseñar sobre la pequeña empresa y el emprendedurismo a estudiantes en América Central y África. Les prometí a algunos de estos estudiantes que sus nombres aparecerían en el libro. Me gustaría tener una lista más completa. Pido perdón a aquellos que puedo haber olvidado. A todos ustedes, les agradezco mucho su contribución.

- Jonathan Samuel Yanez
- Rory Kelvin Navarro Otero
- Marina Cadelaria Tobar de S.
- Lorena Beatriz Jovel
- Vilma Ruth Hernández Osegueda
- Claudia Margarita Carranza R.
- Thelma Evelyn Melendez C.
- Sandra Carolina de Sandoval
- Ana Dolores Crespín de H.
- ‖‖‖‖‖‖‖‖‖‖ ‖‖‖ ‖ ‖‖‖‖ ‖‖ Crespín
- Reina Isabel Mancia
- Salvador Jacinto Valiente
- Enma de Menjivar
- Kevin Josué Pacheco
- Gladis Marlene Acosta
- Kevin Josué Ramírez S.
- José David Montes Gracia
- Mariel Ericka Elías de J.
- Mayra Cecilia Elías Ramos
- Keyla Abigail Elías Ramos
- Silvia Jhoana Guerra López
- Irma Mejía Carrillo
- Nancy Evelyn Guerra López
- Xiomara Ivette Pérez
- María Rosa de Carranza
- Merlín Yanira Martínez
- Sara Nohemí Meléndez
- Maritza Elizabeth de Peraza
- Heidi Gabriela Guevara García
- María Mirna Alemana de García
- Cindy Yaneth Moreno Alemán
- Cony de Echeverría
- Jorge Alberto Echeverría
- Adriana Lucia Vásquez
- Gonzalo Remberto Burgos Salazar
- Cesia Gabriela Jacinto Mancia
- Nora Corina Barillas

- Walter Alberto Cruz Marroquín
- Kevin Manuel Flores Aldana
- Denis Alexander Calderón L.
- Nancy Rosmery Chavez
- Wendy Carolina Flores Aldana
- Oscar Josué Pocasangre V.
- Gabriela Lissette Ramírez A.
- Brayan Ernesto Rivera O.
- Leonidas González
- ‖‖‖‖‖ ‖‖‖‖‖ ‖‖ ‖‖
- Norma Argelia Hernández de G.
- Claudia Lorena Díaz de V.
- Cristina Ramos de Ramos
- Susy Verónica Cruz Rivera
- Luis Alberto Cruz Rivera
- Rosa Gilma Menjivar de León
- Daysi Aracely Cabrera Reyes
- Gregory Guillermo Gamez
- Julio Cesar Ramírez Ramírez
- Julia Vanessa Jiménez M.
- Jacqueline Xiomara Jiménez
- Cindy Yesenia Quintanilla B.
- Priscila Abigail Carias
- Monica Ivonne Belloso Palacios
- Steffany Yanira Domínguez
- Ana Dolores Martínez Vásquez
- Adolfo David Melgar Mejía
- Mirian de Hernández
- Aracely de Ramírez
- Nehemías Hernández
- Raúl de Jesús López Varela
- Silvia Odaly Melgar M.
- Cristóbal Alberto Martínez V.
- José Daniel Fuentes
- Daniel Menjivar

Notas finales

[i] http://www.merriam-webster.com/dictionary/business

[ii] http://www.econlib.org/library/Enc/Entrepreneurship.html

[iii] http://www.merriam-webster.com/dictionary/accounting

[iv] http://www.merriam-webster.com/dictionary/finance

[v] http://www.sba.gov/category/navigation-structure/starting-managing-business/starting-buiness/choose-your-business-stru

[vi] http://www.huddle.com/blog/team-building-activities/

[vii] Advocacy, SBA Office of. "Frequently asked questions." 2011.

[viii] Field of Dreams. Dir. Phil Alden Robinson. Perf. Kevin Costner. 1989.

[ix] Investopedia. Risk/Reward Ratio. 2013. 2 July 2013.

[x] Blake, Irene A. "How to Determine Market Viability for a Product or Service." Chron n.d. http://smal business.chron.com/determine-market-viability-product-service-40757.htm

[xi] Story written for this publication by Photojournalist Daniel Owen.

[xii] Story written for this publication by Photojournalist Daniel Owen.

[xiii] http://www.businessdictionary.com/definition/management.htm

[xiv] http://www.businessdictionary.com/definition/management.htm

Made in the USA
Columbia, SC
14 July 2024